Ao caro Amigo Celito,
com certeza na vitalidade
do coração renovado, com
apreço e estima do
[illegible]
7/6/06

TRABALHO:
DO HOJE PARA O AMANHÃ

CARLOS ALBERTO CHIARELLI

Doutor em Direito. Professor e Coordenador da Pós-Graduação em Direito da Universidade de Caxias do Sul (UCS).
Presidente do Grupo de Universidades do Mercosul (ARCAM).
Ex-Ministro da Educação. Ex-Ministro da Integração.
Membro do Conselho de Administração da OIT (1976-78).

TRABALHO:
DO HOJE PARA O AMANHÃ

UCS
UNIVERSIDADE
DE CAXIAS DO SUL

LTr
70
anos
2006

Dados Internacionais de Catalogação na Publicação (CIP)
(Câmara Brasileira do Livro, SP, Brasil)

Chiarelli, Carlos Alberto
Trabalho : do hoje para o amanhã / Carlos Alberto Chiarelli. — São Paulo : LTr ; Caxias do Sul, RS : Universidade de Caxias do Sul, 2006.

ISBN 85-361-0812-6

1. Trabalho e classes trabalhadoras — Aspectos sociais
2. Trabalho e classes trabalhadoras — História I. Título.

06-2332 CDU-34:331(091)

Índices para catálogo sistemático:

1. Trabalho : Direito do trabalho : História 34:331(091)

(Cód. 3251.0)

LTr

EDITORA LTDA.

Rua Apa, 165 - CEP 01201-904 - Fone (11) 3826-2788 - Fax (11) 3826-9180
São Paulo, SP - Brasil - www.ltr.com.br

Maio, 2006

AGRADECIMENTOS

1. Este livro contou com a valiosa e indispensável colaboração intelectual, na farta pesquisa bibliográfica e em múltiplas sugestões de consulta e enriquecimento do tema, de colegas que nos vêm acompanhando nesta terceira obra(*) que realizamos em conjunto. Às mestras do Direito — que, em tempos recentes, foram nossas brilhantes alunas no Curso de Mestrado em Direito da Universidade de Caxias do Sul, no qual hoje são professoras e/ou assessoras técnicas — *Inez Maria Tonolli*, *Jane Gombar* e *Viridiana Sgorla*, nossa palavra de gratidão, com o reconhecimento expresso de que muito do que pode ser qualificado nesta obra se deveu ao inteligente trabalho e à solidária dedicação delas.

2. À Universidade de Caxias do Sul, à sua alta gestão acadêmica e administrativa, aos ilustres colegas docentes, ao elenco discente do Curso de Mestrado, ao setor editorial, a todos, que a seu modo, contribuíram, para que esta obra, em conjunto com a prestigiosa LTr — nossa querida editora de muitos anos — pudesse ganhar espaço público.

3. À nossa assessora, Cleone Ribeiro Bortholacci, eficiente e dedicada, pelo serviço de digitação desta, como das duas obras anteriores(*).

4. À Heloisa, querida companheira de todas as horas, precoce leitora, crítica e amável, de todas as páginas, pelas sugestões valiosas que foram, por mim, amorosamente "contrabandeadas" para o texto.

5. *Last but not least*, aos insignes professores doutores, de invejável currículo, *Amauri Mascaro do Nascimento* e *Nelson Mannrich*. Este, pelo denso e articulado prefácio, doutrinariamente rico e elogiosamente viciado pela parcialidade amiga, que nos faz passar pelo risco virtuoso de que leitores qualificados, satisfeitos pelo lauto

(*) 1. "Encruzilhada da Integração": (Brasil-Estados Unidos), ALCA-Mercosul. 2. "Trabalho e Sindicato" — Evolução e Desafios.

almoço intelectual de sua contribuição, dispensem nossa modesta sobremesa livresca. Aquele, a mais copiosa fonte intelectual do atual juslaboralismo brasileiro, pelo sintético e consistente "broche de ouro" com que ilustra nossa contracapa. É outro risco de nosso livro: o leitor mais acelerado contentar-se, com razão, com tão significativo depoimento.

Aos dois bons Amigos e grandes juristas, nosso obrigado, também em nome do Leitor.

O Autor

A MINHA MÃE, Maria, pelo que é;
e a meu pai, Matteo (in memorian), *pelo que foi.*

ÍNDICE

CAPÍTULO IV

MUDANÇAS DO (E NO) FAZER E DO (E NO) *HOMO FABER*

CAPÍTULO V

CENÁRIOS LABORAIS DO AMANHÃ

CAPÍTULO VI

O TRÂNSITO PARA "ESSE" DEPOIS

CAPÍTULO VII

MARCAS DA (E NA) TRANSIÇÃO

CAPÍTULO VIII

AS DÚVIDAS NA CERTEZA

APRESENTAÇÃO

Este livro não deixa de ser um misto de insensatez (seria ousadia?), pretensão e preocupação. A mutação por que passa a sociedade, valores que deixaram de valer, conceitos que eram respeitados como dogmas e não o são mais, tudo isso nos leva à nostalgia afetiva e melancólica pelo que foi, e paradoxal e simultaneamente, estimula e inquieta pelo que poderá vir a ser.

Essas encruzilhadas múltiplas que desafiam nos caminhos, que se aspiraria planejados, para o trânsito de nossa sociedade, nascem das atuais proximidades e distâncias, físicas e anímicas, num mundo que convive com a intimidade, às vezes desconhecida, da internet e, pelos milagres das conquistas espaciais, leva-nos a, finitos, querer desvendar e explicar o infinito.

Não é, porém, especificamente nas estrelas (ou só nelas) e nos milagres explicáveis da biotecnologia, audaciosa e assepticamente enfrentando e ousando no querer decifrar o próprio milagre da vida, que residem interrogações com tantas respostas que, ao fim, dentre elas, não conseguimos selecionar A RESPOSTA.

Cercando-nos, companheira do quotidiano, está o desafio de nosso direito-obrigação de criar, de produzir: essência e/ou destino do *homo faber*.

Esse mundo, que é nossa morada e seria nosso limite, colocando-nos entre massas famélicas (são bilhões os despossuídos) e minorias que sabem e, por isso, podem e tem, sustentou — e ainda sustenta — sua estrutura econômica no trabalho humano. Seu alicerce pétreo constitui-se de cimentadas massas populacionais dos que, subordinados, fizeram.

Hoje, há um movimento visível em que o capital-saber vai ocupando os espaços de comando. Locomotiva da sociedade é o conhecimento, que assegura o decidir e o executar certo e antes. E homens, relativamente poucos, que investigam e criam, e produzem as máquinas que substituem outros múltiplos homens, são os artífices deste novo tempo, no qual a tecnologia, implacável e exigente, é a devoradora, num processo célere de sucateamento, do engenhoso artefato "insuperável" do ontem recente.

E no meio dessa voragem, o trabalho. Não creio que algo poderá sucedê-lo e, muito menos, substituí-lo na identificação do Homem consigo mesmo e com sua criação. Depois dele (Trabalho), como lembra *Hanna Arendt*, o que poderá vir? Responde — e bem — a festejada Autora: o próprio Trabalho.

E é dele e nele que se fala neste livro. Nele, dele e de suas convivências — confrontos e parcerias — com novas vestimentas e condimentos com que se apresenta e se apresentará (algumas delas, talvez) a sociedade em transfiguração. São — trabalho e sociedade — ora parceiros solidários; circunstancialmente, segundo alguns, inimigos íntimos mas sempre interdependentes.

Às vezes, nesse ver o mundo de tantos mundos; de pessoas tão iguais e tão diversas; de épocas que convivem e que, simultaneamente, são tão desiguais na sua realidade político-econômico-social e cultural, fica-se pensando se, realmente, não teria razão *J. Luis Borges* quando lembrava a pergunta que o discípulo teria feito ao mestre Paracelso, se o Paraíso existia de verdade. Ao que o mestre teria respondido que sim e que seria aqui na Terra; mas que também existiria o Inferno e que também seria aqui, para aqueles que não se apercebessem de onde estava o Paraíso e não soubessem construí-lo e desfrutá-lo.

Será mesmo? Será tanto? Será tão pouco?

Entre outras razões, mas sobretudo por elas, escrevi este livro. Repito, talvez insensato (?), pretensioso (?) mas, seguramente, fruto da preocupante e preocupada vontade de saber, no hoje, um pouco do amanhã.

Porto Alegre, março/2006

Carlos Alberto Chiarelli

PREFÁCIO

Quais os rumos e o futuro do emprego e das relações de trabalho no mundo globalizado e marcado pelas novas tecnologias da comunicação e informação? Que papel será reservado ao trabalho na sociedade que estamos projetando?

Observamos o fenômeno da *redistribuição* da indústria no mundo inteiro, provocando nova divisão internacional do trabalho e um processo de ajuste a essa nova realidade. Tais mudanças não correspondem a um fenômeno novo: a novidade é a crescente integração e interdependência da economia mundial[1].

As mudanças no cenário econômico mundial envolvem mais de uma revolução. Entre elas, destaca-se a tecnológica, representada pelo avanço da informática, microeletrônica e biotecnologia. Quando se fala em tecnologia, faz-se referência à produção automatizada, onde a interferência do homem é inexistente ou mínima, e as tarefas repetitivas são substituídas por processos integrados, na onda da Terceira Revolução Industrial, verificada a partir do final dos anos cinqüenta.

A utilização das novas tecnologias abriu espaço a novas formas de trabalho, com uso intensivo da microeletrônica e do trabalho à distância ou teletrabalho e intensificação do trabalho em domicílio, priorizando-se a habilidade no controle do sistema produtivo e não mais a habilidade no uso de máquina ou ferramenta[2].

Outra revolução não menos importante é a gerencial, em busca de maior produtividade, como os modelos de gestão, baseados na qualidade total, *just in time*, terceirização, entre outros. Esses novos modelos priorizam a aplicação do conhecimento no lugar da mão-de-obra, capital ou recursos naturais, com reflexo imediato no aumento do desemprego e exclusão de grande parte da população dos benefícios do desenvolvimento econômico.[3] Observa-se uma

(1) Conf. Oficina Internacional del Trabajo. "La reubicación internacional de la industria; causas y consecuencias". Publicado con la dirección de Gijsbert van Liemt. Genebra, 1995, p. 4.

(2) MAGANO, Octavio Bueno. *Política do trabalho*. São Paulo, LTr, 1992, p. 324.

(3) TELLES, E. S.; OLIVEIRA, M. J. A. T.; ROCHA, R. L. "Globalização e Desregulamentação". *Revista LTr*, vol. 60, p. 490-3, n. 4, 1996.

mudança da sociedade de capitalismo industrial, centrada no binômio capital/trabalho, em direção à sociedade pós-industrial, fundada na primazia da informação e do conhecimento.(4)

Esse fenômeno é observado no mundo inteiro, de forma inter-relacionada e global, determinando a formação de união de mercados e de blocos regionais, onde as empresas multinacionais passam a ter importância cada vez maior(5). Integração regional e globalização se apresentam como fenômenos inter-relacionados, segundo *Freitas Júnior:* na integração regional, objetiva-se uma estratégia política para aprofundar relações econômicas entre economias nacionais e regionais, enquanto que a globalização é um fenômeno econômico(6), inicialmente, e depois, jurídico-político, que, de um lado, encurta distâncias, e de outro, aprofunda as diferenças sociais e atinge o próprio Estado-Nação na sua capacidade de formular e implementar políticas em nível nacional(7). Na verdade, a alteração na ordem interna dos países em decorrência da reestruturação do mercado internacional, provocada pela globalização, impõe ao Estado uma visão macroeconômica da sociedade(8). E a globalização, aparentemente nascida após o término da chamada *guerra fria*(9), e o Brasil e as novas democracias da América Latina fazem parte desse novo cenário.(10)

Nossa cultura está envolvida pela globalização e muitas teorias se apresentam para esclarecer esse antigo fenômeno renascido com novas roupagens, na tentativa de entender o mundo, onde o globo terrestre não é mais uma simples figura astronômica, fora do contexto histórico, ou um amontoado de nações, pois todos se encontram e se relacionam. Para explicar esse novo fenômeno utilizam-se metáforas como *aldeia global*, *nova babel*, entre outras, segundo *Octavio Ianni*.(11)

---

(4) PUCEIRO, Zuleta. *O processo de globalização e a reforma do estado.* FARIA, José Eduardo. *Direito e globalização econômica: Implicações e perspectivas.* São Paulo: Malheiros, 1996, p. 105.

(5) *Ibidem*, p.106.

(6) Segundo *Teixeira Filho*, o aspecto econômico é que deflagra e impulsiona todo o processo. TEIXEIRA FILHO, João de Lima. *O fator trabalho no Mercado Comum do Sul. Direito e Processo do Trabalho. Estudos em homenagem a Octavio Bueno Magano*, São Paulo: LTr, 1996, p. 444.

(7) FREITAS JÚNIOR, Antônio Rodrigues de. *Globalização, Mercosul e crise do Estado-Nação.* São Paulo: LTr, 1997, p. 30.

(8) HELOANI, J. R.; SILVA, W. L. R. *Estado Democrático, Tecnologia e Relações de Trabalho. Democracia e Direito do Trabalho.* São Paulo: LTr, 1995, p. 72.

(9) BELTRAN, Ari Possidônio. "Flexibilização, Globalização, Terceirização e seus Impactos na Relação de Trabalho". São Paulo, *Revista LTr*, 1997, vol. 61, p. 490.

(10) PUCEIRO, Z. Ob. cit., p. 106.

(11) IANNI, Octavio. *Teorias da Globalização.* 2ª ed., Rio de Janeiro: Civilização Brasileira, 1996, p. 134.

O Direito do Trabalho também é sensível a esse fenômeno da globalização, mas não pode sucumbir a soluções importadas, também *globais*, sob a alegação de que estamos submetidos a forças incontroláveis, na lição de *Paulo Nogueira Batista Jr.*[(12)]. Na verdade, esse modo de produção internacional ou, mais propriamente, *global*, é próprio do capitalismo, desde o seu início.

É indiscutível a influência da globalização nas relações trabalhistas. Para *Miguel Reale*, há aspectos fundamentais a serem ressaltados, como o técnico, pelo qual as transformações tecnológicas geram desequilíbrios no mercado de trabalho, sendo o homem vítima de sua própria cultura ao criar a máquina que gera o desemprego. Isso não justificaria pensar-se num retrocesso, onde o retorno ao trabalho preponderantemente físico e intelectual afastaria a máquina para novamente ceder lugar ao homem. Não menos importante é o fator social, devendo-se destacar o papel do homem trabalhador — *homo faber*[(13)], em busca de um equilíbrio necessário.

Nesse novo contexto, o Estado passa a desempenhar papel fundamental, o que constitui o maior desafio para o Direito do Trabalho na busca de soluções e alternativas, sem perder de vista sua vocação original. Não se pode esquecer que a grande transformação, da qual nasceu a sociedade industrial, foi a do livre jogo do mercado, ficando o trabalho em segundo lugar. O Estado benfeitor surgiu em substituição ao Estado-nação, apenas quando foi preciso repensar a questão trabalho, em razão do fracasso da liberação da indústria e comércio[(14)]. Parece que, no ideário do mito da globalização, novamente o valor trabalho é colocado em segundo plano, demonstrando que a era da revolução industrial ainda não chegou ao seu fim, apenas sentimos seus estertores.

Como se pode ver, a globalização vincula-se profundamente com o capitalismo, mas não se resume a um problema exclusivamente econômico. Na verdade, a globalização vem provocando uma configuração histórico-social nova. Segundo *Octavio Ianni*, o capitalismo apresenta-se não só como um modo de produção, mas também como um processo civilizatório, daí porque os efeitos da globalização são tão abrangentes e envolvem o homem em todas as suas dimensões[(15)].

---

(12) BATISTA JR., Paulo Nogueira. "Os Mitos da Globalização". Informativo do Instituto de Estudos Avançados da Universidade de São Paulo. São Paulo: USP, agosto/setembro 1997, ano IX, n. 48, p. 7.

(13) REALE, Miguel. "A Globalização da Economia e o Direito do Trabalho". *Revista LTr*. São Paulo: LTr, 1997, vol. 61, pp. 11/13.

(14) SUPIOT, Alain. "Introducción a las reflexiones sobre el trabajo". *Revista Internacional del Trabajo*. Genebra, OIT, 1996, vol. 115, p. 657.

(15) IANNI, Octavio. *Teorias da Globalização*. 2ª ed., Rio de Janeiro: Civilização Brasileira, 1996, p. 134.

Em síntese, podem-se apontar as seguintes características da globalização(16):

a) declínio da atividade industrial e importância crescente do setor de serviços, tendo a atividade financeira assumido papel de protagonista da atividade econômica;

b) internacionalização da atividade econômica. Embora as empresas já utilizassem matéria-prima importada ou produzissem para o mercado internacional, mesmo mantendo filiais em outros países, com o fenômeno da globalização verificou-se seu recrudescimento. Várias causas foram determinantes, sobretudo no campo das novas tecnologias da comunicação e informação, com redução de custos e velocidade das informações;

c) crise do Estado, com reflexos em sua soberania, em face da extraordinária concentração de riqueza das empresas e volatilidade de seu capital.

Não se pode negar que a globalização provocou impactos significativos no Direito do Trabalho e seus efeitos básicos são de duas ordens: econômica e política.

Do ponto de vista econômico, a globalização provocou a reestruturação produtiva e o desemprego.

Em conseqüência da reestruturação produtiva, observou-se novo arranjo na divisão internacional do trabalho: as empresas passaram a sistematicamente produzir seus componentes nos mais diferentes países, em busca de mão-de-obra barata, tendo o processo de terceirização e outras formas de precarização da relação de trabalho sofrido impulso nunca antes imaginado.

No entanto, o impacto mais sensível da globalização se observa em relação ao desemprego, verdadeiro flagelo do mundo contemporâneo. Apressadamente se aponta o Direito do Trabalho, por conta do elevado custo da mão-de-obra, como seu principal responsável, cabendo ao mercado resolver diretamente os problemas do desemprego; para outros, são as novas tecnologias as responsáveis pela criação e destruição de empregos, havendo controvérsia acerca da relação entre uso intensivo de tecnologia e desemprego, dependendo seu impacto maior ou menor dos arranjos institucionais na área trabalhista, sendo extremamente dispendiosa a geração de empregos(17) (18).

---

(16) Sobre o assunto, conf. *Walkure Lopes Ribeiro da Silva*. "Crise de representatividade e participação dos sindicatos em políticas ativas de emprego". Tese para concurso de professor titular do Departamento de Direito do Trabalho da USP. São Paulo, 2001, p. 35 e ss.

(17) Sobre o tema, conf. *José Pastore*. *A agonia do emprego*. São Paulo: LTr, 1997, p. 24.

(18) Segundo *Viviane Forrester*, o crescimento econômico suprime empregos. "O problema não é o desemprego em si, mas o sofrimento por ele gerado". FORRESTER, Viviane. *O horror econômico*. S. Paulo: UNESP, 1997, p. 10.

Para *José Pastore*, o tamanho do desemprego relaciona-se com o sistema de relações trabalhistas: quanto mais retrógrado, maior o desemprego, sendo ilustrativo o que ocorreu na Holanda e Inglaterra, que flexibilizaram sua legislação trabalhista com a conseqüente redução do desemprego. Para o autor, deve-se falar da morte do emprego, não do trabalho, não se fixando mais o trabalhador numa empresa, pois o novo modelo de produção pressupõe sua atomização, mediante subcontratação de atividades junto a pequenas empresas e profissionais autônomos.(19)

A resposta a essa questão, no entanto, não pode limitar-se apenas à introdução de regras mais flexíveis, ditadas pelo mercado, ou simplesmente eliminando qualquer tipo de regra. No embate das mudanças técnicas e políticas, os primeiros afetados são os direitos dos trabalhadores(20). É o quanto se depreende dos anais do encontro em Copenhague, na Reunião Mundial sobre Desenvolvimento Social, em 1995, quando a Organização Internacional do Trabalho — OIT registrou que o aumento do desemprego, ocorrido a partir de 1979, na Europa, não determinou, necessariamente, o aumento correspondente da rigidez do mercado de trabalho ou da proteção social, apesar das políticas implantadas terem flexibilizado o mercado de trabalho com a conseqüente redução dos benefícios sociais(21).

Não se podem menosprezar os efeitos da globalização do ponto de vista da ordem política. No lugar do Estado-Nação e Estado-Providência, surge o Estado Democrático de Direito — a centralidade desloca-se do Estado para a sociedade civil.(22)

De qualquer forma, o Estado continua a ser indispensável, devendo rever suas funções: há o primado da sociedade civil sobre as estruturas burocráticas.(23)

Com a passagem do Estado-Nação para o Estado Democrático de Direito e, conseqüentemente, com a maior importância da sociedade civil, a autonomia dos grupos sociais se apresenta como contraponto ao próprio enfraquecimento do Estado na regulação das relações de trabalho.

---

(19) PASTORE, José. *A agonia do emprego*. São Paulo: LTr, 1997, p. 20.

(20) SUPIOT, Alain. "Introducción a las reflexiones sobre el trabajo". *Revista Internacional del Trabajo*, vol. 115, n. 6, 1996, p. 657.

(21) *Apud* SAPPIA, J. J.; FONSECA, H. A.; MEDINA MAILHO, R. E.; PIÑA, M. E. Ob. cit., p. 1.

(22) Sobre o assunto, conf. *RUA DE ALMEIDA, Renato*. "A teoria da empresa e a regulação de emprego no contexto da empresa". *Revista LTr*, 69-05/574.

(23) Conf. *REALE Miguel. Nova fase do Direito Moderno*, 2ª ed., Saraiva: 1998, p. 118.

Com efeito, pressionado a reduzir seu intervencionismo protecionista por meio da flexibilização, em nome da competitividade, o Estado-Providência cede espaço ao Estado promocional: ao invés da política do garantismo e do protecionismo exacerbado, o Estado passa a promover valores fundamentais.(24)

Em síntese, o Estado se encontra em crise de legitimidade, pois é incapaz de impor uma regulação social, aprisionado entre um espaço internacional mais coativo e um espaço infranacional que procura liberar-se de sua tutela.(25)

A par da crise do Estado, deve-se registrar a própria evolução do Direito, menosprezada quando se pensa nos direitos dos trabalhadores. Com efeito, se no Estado Liberal o Direito se destinava a proteger o indivíduo em sua vida privada contra qualquer ingerência estatal, garantindo, pela força, as liberdades públicas, no Estado Social coube a ele a tarefa de orientar as condutas e promover o desenvolvimento econômico e social. Em outras palavras, se no Estado Liberal cabia ao Direito assegurar a *regulação espontânea da sociedade*, no Estado Social *considera-se o Direito como uma técnica de gestão e de regulação da sociedade, sob o controle do aparato estatal*(26). Ocorre que, por força das transformações políticas e sociais e, em especial, das mudanças econômicas, na esteira da onda neoliberal, verifica-se uma transferência, para outras instâncias, da legitimidade para criar regras, deixando o Estado Social de ser o centro da regulação social. Com isso, imprimiu-se maior flexibilidade ao sistema autoritário até então vigente, dando lugar ao que se denomina *Direito reflexivo*, resultante de negociações, onde o Estado e o Direito desempenham não um papel de direção, mas de guia para a sociedade(27). Com isso, no lugar de proibições no bojo de uma função tipicamente protetora e repressiva, o Direito passa a desempenhar uma função promocional, por meio da qual se eliminam comportamentos tidos como indesejáveis, com a promoção dos desejáveis, segundo *Norberto Bobbio*(28). Com isso, o comportamento que gera conseqüências jurídicas é o cumprimento e não o descumprimento da norma.(29)

---

(24) BOBBIO, Norberto. *Contribucion a la teoria del derecho*. Madrid: Editorial Debate, 1990, p. 269.

(25) ROTH, André-Noel. *O Direito em crise: o fim do Estado Moderno? Direito e Globalização Econômica. Implicações e Perspectivas*. José Eduardo Faria, org. S.Paulo: Malheiros, 1996, p. 19.

(26) *Ibidem*, p. 20.

(27) *Ibidem*, p. 22.

(28) BOBBIO, Norberto. *Contribucion a la teoria del derecho*. Madrid: Editorial Debate, 1990, p. 269.

(29) RIBEIRO, Paulo de Tarso. *Direito e Mudança Social*. FARIA, José Eduardo, org. *A crise do Direito numa sociedade em mudança*. Brasília, Editora UNB, 1988, p. 81.

Como se vê, em conseqüência da globalização e perda do controle do Estado sobre o sistema produtivo e financeiro (*Tiziano Treu*), o atual sistema protecionista é revisitado, em especial o princípio de proteção, com novo impulso à negociação.

Assim, se de um lado o Estado garante os princípios fundamentais, não sujeitos a negociação de qualquer tipo, de outro, confere legitimidade a indivíduos e grupos para regular diretamente seus interesses, respeitado o espaço próprio da ordem pública.

De qualquer maneira, em vista da mobilidade do capital, não da mão-de-obra, e do maior poderio do capital para impor seus interesses, há restrições não só à negociação como um todo, mas ao processo mesmo da chamada flexibilização, apontada como principal causa da precarização do Direito do Trabalho. Aliás, o próprio processo de negociação não pode ser generalizado, como se todas as empresas fossem grandes, oferecendo-se aos trabalhadores em micro empresas instrumentos adequados.

E, nesse cenário, quais os rumos das relações do trabalho?

Para o funcionamento da empresa, continua sendo indispensável a existência de empregados típicos. Para tanto, as relações típicas de emprego devem ser mantidas, sem prejuízo das devidas adaptações e reformas.

Independentemente disso, observam-se o trabalho atípico, precário, terceirizado, temporário, autônomo e parassubordinado, atuando em empresas periféricas e no mercado informal de trabalho, em relação aos quais há crescente redução de garantias ou sequer há direito algum.

Tudo isso resulta da reestruturação organizativa empresarial decorrente do fenômeno da globalização. *Sachs* e *Shatz*, já em 1994, apontavam as seguintes tendências do setor manufatureiro norte-americano:

a) redução do nível de emprego;

b) aumento de diferenças salariais entre trabalhadores qualificados e não qualificados;

c) redução do número de trabalhadores não qualificados no setor manufatureiro.[(30)]

---

(30) *Apud LOPES RIBEIRO DA SILVA, Walkure*. "Os atores sociais diante dos desafios do processo de integração: diálogo social nas Comunidades Européias e no Mercosul". Tese para concurso de professor titular do Departamento de Direito do Trabalho da USP. São Paulo, 1998, p. 221.

Simples constatação da realidade que vivemos, observada nos demais países com maior ou menor intensidade, podem ser apontados os seguintes rumos:

a) aumento crescente do desemprego;

b) maior incidência de trabalhadores no mercado informal;

c) redução do número de empregados nas grandes empresas e sua transferência para empresas periféricas, com incremento da precariedade das condições de trabalho;

d) uso intensivo do trabalho temporário e da terceirização;

e) substituição do trabalho fixo por tarefas, em projetos sucessivos, com fases bem definidas quanto ao início, meio e término;

f) surgimento de contingente expressivo de trabalhadores autônomos, seja porque se encontram de fato nessa situação ou apenas para burlar a legislação trabalhista, seja porque de fato são autônomos mas não são amparados pela lei ou porque simplesmente há fraude à legislação trabalhista;

g) contratação mais freqüente por meio da empreitada e subcontratação;

h) consolidação da figura do trabalhador parassubordinado, devendo-se-lhe aplicar a regra da inversão do ônus da prova — ou seja, não se presume empregado porque trabalha, cabendo-lhe a prova da fraude;

i) preferência pelo trabalho à distância e teletrabalho.

Independentemente dessas transformações e dos novos rumos apontados, impõe-se a reforma trabalhista. Em muitos países da Europa, inclusive da América Latina, foram introduzidas novas modalidades contratuais, em especial para absorver determinados trabalhadores com menores encargos trabalhistas e contratos de prazo determinado, como jovens em idade de formação, ou para facilitar o ingresso de trabalhadores já na idade madura.[31]

Além disso, há necessidade de se rever o estatuto de proteção, tratando de forma diferenciada os trabalhadores. Da mesma forma, as empresas não podem ser tratadas como se todas tivessem o mesmo tamanho, atuassem na mesma atividade econômica ou se situassem numa mesma localidade.

Por outro lado, certas práticas introduzidas em outros países, como o mecanismo do *lay off* (art. 476 A, da CLT) e estímulo à

---

(31) PASTORE, José. *A Agonia do Emprego*. São Paulo: LTr, 1997, p. 31.

geração de emprego mediante contratação excepcional por prazo determinado (Lei n. 9.601/95), não tiveram o efeito desejado no Brasil, pelo excesso de burocracia e vinculação à ordem sindical.

Mas nem tudo está perdido nem pode ser pintado de forma tão sombria. Apontam-se delícias do futuro, como redução intensa do número de horas diárias e semanais de trabalho, com incentivo ao ócio produtivo: "o homem do futuro trabalhará menos e viverá mais", profetizam.[32]

Na verdade, os valores fundamentais do homem e do *cidadão-trabalhador* devem ter prioridade no novo cenário das relações trabalhistas, não se voltando apenas ao novo operário, de quem se espera maior versatilidade e responsabilidade na reestruturação do trabalho[33]. É fundamental repensar o papel reservado ao trabalho e o lugar que ocupará em nossa sociedade em transformação, sendo essencial a referência ao Direito[34], especialmente ao Direito do Trabalho, não se podendo relegar essa questão apenas às forças invisíveis do mercado, pois, como observou *Deepak Nayar*, "mesmo entre os países do leste da Ásia, citados freqüentemente como histórias de sucesso que ilustram a magia do mercado, a mão visível do Estado é muito mais evidente que a mão invisível do mercado"[35]. A diferença está em que o Estado, para enfrentar a problemática do emprego ou qualquer outra, deve rever seu papel, ajustando-o à nova realidade.

O Estado Social, cuja missão consistia no favorecimento do crescimento econômico e social, tinha legitimidade para intervir em todos os setores da sociedade, passando de uma associação ordenadora (Estado Liberal), para uma associação reguladora (Estado-Providência), na concepção de *Weber*[36]. Esse Estado, no entanto, está em crise, pois não funcionam mais os mecanismos de regulação social, sendo incapaz de impor solução aos atuais problemas econômicos e sociais. E que reflexos tal crise provocará no mercado de trabalho e especificamente no emprego e outras modalidades de ocupação?

---

(32) *Idem*, p. 30.

(33) KUNTZ, Rolf. Ob. cit., p. 144.

(34) CASTEL, Robert. "Trabajo y utilidad para el mundo". *Revista Internacional del Trabajo*, p. 671, vol. 115, n. 6, 1996/6.

(35) *Apud* KUNTZ, Rolf. Ob. cit., p. 144.

(36) *Economia y Sociedad*, 8ª ed., México: Fondo de Cultura Econômica, p. 55, 1987, *apud* ROTH, André-Noel. "O Direito em crise: o fim do Estado Moderno?". FARIA, José Eduardo, org. *Direito e Globalização Econômica. Implicações e Perspectivas.* São Paulo: Malheiros, 1996, p. 17.

As respostas podem ser encontradas a partir das reflexões que o Senador e Ministro *Carlos Alberto Chiarelli* apresenta no seu mais recente livro *Trabalho: do hoje para o amanhã*, cabendo a mim o honroso convite do prefácio.

No convite, antecipou-se o sempre modesto professor, classificando seu livro/reflexão como "uma ousada incursão nas perspectivas da sociedade do amanhã, particularmente da posição que nela ocupará o TRABALHO, tema prioritário de nossas preocupações acadêmicas". Bastaria o registro dessa observação e o prefácio teria cumprido seu papel.

Entretanto, como alguém já me esclareceu, o prefácio pode ter duas finalidades, e por isso não me limito a tão majestosa síntese e criatividade, marca registrada do Ministro Chiarelli: ou serve para promover o autor do livro, ou o autor do prefácio. Na primeira hipótese, quando o autor do livro ainda é desconhecido, precisa ser apresentado no estreito círculo do mundo intelectual, onde pretende ingressar ou se manter, e utiliza a autoridade de quem convida para fazer o prefácio para dar maior credibilidade e aceitação de seu livro perante o público leitor, dando a impressão de que é tão importante quanto o autor do prefácio, hipótese obviamente em que não se encontra o Ministro Chiarelli. Na segunda hipótese, onde me incluo, por se tratar o autor do livro de um homem público, notável escritor e pensador, professor carismático e jurista fecundo, como é o caso do Ministro Chiarelli, é uma oportunidade rara para promover o autor do prefácio, motivo pelo qual desde já registro minha gratidão pelo privilégio de prefaciar essa obra prima, entre tantas outras de sua extensa relação, pela qual o autor, inquieto e arguto, enfrenta um dos temas mais intrigantes e sombrios de nossos tempos.

No entanto, mais do que inquietação acadêmica, a posição do TRABALHO e seu futuro em nossa sociedade representa um dos maiores desafios de todos os governos que têm em sua agenda não as passageiras questões das próximas eleições, mas os agudos temas das próximas gerações.

Em face da multidisciplinaridade do tema, poucos como o autor se aventuraram nessa investigação, sintetizando as correntes atuais da pesquisa jurídica e sociológica e propondo novos elementos ao debate. Assim, o Ministro Chiarelli corajosamente enfrenta esse desafio e brinda o leitor com um tema profundo, utilizando-se de sua costumeira arte de enfrentar com bom humor e criatividade as mais complexas indagações. Aliás, é com esse estilo do tradicional gaúcho que esse notável jurista vem contribuindo para a consolidação de um centro de excelência de ensino, junto à Universidade de Caxias do Sul e, de modo especial, ao curso de Mestrado.

Nos dois primeiros capítulos, o autor analisa os diversos elementos de mutação da sociedade atual e seus reflexos na concepção social do trabalho. Em seguida, nos dois capítulos seguintes, convida o leitor a percorrer e analisar a evolução do "Fator Trabalho", as mudanças nos ciclos de industrialização e as mudanças no conceito do *Homo Faber.* Reserva para os três capítulos que se seguem a descrição do cenário do trabalho no futuro e os seus possíveis contornos, contribuindo para a elaboração de novas concepções e proposições na abordagem do tema, refletindo especificamente sobre os horizontes do conceito diante de temas complexos, tais como a sociedade de informação, globalização e reestruturação dos fatores temporais e espaciais na sociedade contemporânea.

Com o lançamento de mais essa obra, o Ministro *Chiarelli* consagra-se no seleto rol de pensadores de vanguarda, colocando-se ao lado de outros como *Jeremy Rifkin, Dominique Meda, Jean Boissonat, Domenico De Masi* e *Alain Supiot* que, como ele, não se limitaram a interpretar o valor do trabalho na sociedade moderna, como também ousaram repensar tal conceito e refletir sobre o lugar do trabalho produtivo do homem no futuro.

No entanto, o autor foi além, não se contentando com possíveis respostas, para as quais não há consenso, mesmo porque envolvem diversas áreas do saber, como Direito, Economia, Administração, entre outras. Consciente de que o Direito do Trabalho, por situar-se na confluência do econômico com o social, é o mais sensível às questões do desemprego e novos desafios envolvendo empregabilidade, sinaliza os ajustes razoáveis das normas jurídicas à realidade econômica, e seus limites possíveis ou necessários.

Nelson Mannrich

Professor Titular de Direito do Trabalho da USP e Mackenzie, é Mestre, Doutor e Livre-docente pela USP. Advogado, sócio de Felxgerb, Pedretti, Mannrich e Aidar, Advogados e Consultores Legais.

CAPÍTULO 1

ALGUNS DESAFIOS DOS DESAJUSTES SOCIAIS: IDÉIAS INTRODUTÓRIAS

1. *O TRABALHO E UM PROVÁVEL FUTURO POSSÍVEL*

Estaria a cometer-se um equívoco ao imaginar que poderia existir algum sistema econômico ou projeto de engenharia social que por nós resolva a permanente esperança (desafio) de felicidade pessoal. A realização inteira da pessoa é sempre muito mais um aspirar do que um atingir, posto que o alcançado de agora, ambicionado de ontem, já não é mais — porque obtido — o desejável para o amanhã.

Esse idealizar permanente e, simultaneamente, substituível tem sua versão também no reino coletivo, onde o perfeito bem-estar é figura acadêmica e/ou programática; não exemplo concreto, retirado do ensinamento quotidiano. Aliás, simples miragem de anseios grupais planejados, prometidos e não efetivados, causadores, a populações inteiras, de tragédias e sofrimentos.

Foi a convicção fanática — radicalismo — o vírus determinante de enfermidades psico-sociais devastadoras, ceifando vidas e valores humanos, também no século XX através de guerras, golpes, atentados, guerrilhas etc., partindo do incontido desejo de alguém, ou de muitos, de fazer valer uma superioridade dominadora de sua religião, ideologia, nacionalidade sobre outra ou sobre as demais.

Um século que assegurou o esplendor das idéias criadas e cultivadas pelo trinômio fábrica/pragmatismo/iluminismo(1) (tudo isso

(1) Não vejo nada mais preocupante, em termos políticos, do que estes novos sistemas industriais. Quando um artesão se dedica sempre e exclusivamente à fabricação de um único objeto, aprende a executar este trabalho com perícia peculiar. Mas, ao mesmo tempo, perde a capacidade geral de aplicar-se à direção do trabalho; a cada dia, ele se torna mais hábil e menos industrioso, e pode-se afirmar que nele o homem se degrada à medida que o operário se especializa (...) TOCQUEVILLE, Aléxis de. *A democracia na América: leis e costumes*. Tradução de Eduardo Brandão. São Paulo: Martins Fontes, 1998, p. 226-227.

igual a predomínio, pela Revolução Industrial, da quantidade padronizada e da superlativa superioridade masculina) remeteu-nos a uma espécie de desenfreada e utópica busca do "velocino de ouro", que se queria descobrir e usufruir pelos "méritos" dessa sociedade laboral utilitária que se sublimava no produzir e no ganhar.(2)

Ocorre que tais indicativos econômicos não costumam ser profundos e nem sempre são de duradoura consistência. A economia e seus índices deve(m) ser visto(s) — para ser entendido(s) — como a própria saúde. Quando vai (ou vão) mal, pode(m) destruir-nos (arruinar-nos); isso não quer dizer que, quando (vai) vão bem, garantam felicidade (ao indivíduo) ou bem-estar pleno (à coletividade).

Imprescindível examinar o Brasil — e o mundo, este preferentemente em civilizações e/ou blocos — nestes tempos de mudança permanente no social, no político e no econômico, tendo como "pano de boca" o *homo faber* (nas suas múltiplas aparições e papéis) e, no fundo da cena, oferecendo caldo de cultura variável, a própria relação produtiva: estática, no ontem; mutável, no hoje; indefinida, para o amanhã.

O *trabalho*, na sua visão *lato senso*, saindo do conceito *alargado* de atividade, sem ficar nos limites do *emprego*(3), será nosso fio

---

(2) No último quartel do século XX, transformações importantes e profundas passaram a ocorrer em nossas sociedades, fundadas no que tem sido chamado de Terceira Revolução Industrial, ou Revolução da Tecnologia da Informação (*Castells*, 1999), constituindo-se em um evento histórico interpretado como de mesma envergadura que a Revolução Industrial do Século XVIII. A revolução tecnológica em curso, centrada nas tecnologias da informação, de base microeletrônica, vem remodelando a base material da sociedade e condicionando alterações importantes nas relações entre a economia, o Estado e a sociedade. O sistema social permanece capitalista mas, diversamente de seus predecessores históricos, esse tipo de capitalismo ... *é global e está estruturado, em grande medida, em uma rede de fluxos financeiros* (*Castells*, 1999, p. 499). Os elementos mais importantes dessa reestruturação podem assim ser caracterizados: *maior flexibilidade de gerenciamento; descentralização das empresas e sua organização em redes tanto internamente quanto em suas relações com outras empresas; considerável fortalecimento do papel do capital vis-à-vis o trabalho, com o declínio concomitante da influência dos movimentos de trabalhadores; individuação e diversificação cada vez maior das relações de* trabalho; incorporação maciça das mulheres na força de trabalho remunerado, geralmente em condições discriminatórias; intervenção estatal para desregular os mercados de forma seletiva e desfazer o Estado do bem-estar social com diferentes intensidades e orientações, dependendo da natureza das forças e instituições políticas de cada sociedade; aumento da concorrência econômica global em um contexto de progressiva diferenciação dos cenários geográficos e culturais para a acumulação e a gestão do capital (*Castells*, 1999, pp. 21-2)., *in* "Visões sobre o trabalho em transformação", *Mirian de Toni*, Texto extraído da internet, site www.scielo.br/scielo.php?

(3) O século XX já não é o do trabalho mas o do *emprego*. O *emprego* é o trabalho assalariado em que o salário já não é a estrita contrapartida da prestação de trabalho mas também o canal de acesso dos assalariados à formação, à segurança, aos bens sociais. MÉDA, Dominique (1999, p. 141).

condutor, posto que, sendo o traço-de-união mais nítido entre o econômico e o social, vive também a interagir com o político e dele a sofrer fortes influências.[4]

Tratar-se-á de fugir do perigoso curral intelectual que leva aos entrechoques binários e às confrontações maniqueistas do bem contra o mal, dos locais e dos estrangeiros, dos crentes e dos ateus etc. etc., confirmando a aguda constatação de *Jonathan Swift* de que "a maior parte das coisas que diverte os homens é a imitação de combates".

Mesmo quem tem epidérmica preocupação com o mercantil verificará, no contexto atual, que, se o quadro social degringola e se conflita a nível do incontrolável, o desempenho econômico (meramente numérico e não distributivo) fica totalmente comprometido; de outra parte, os mais sensíveis às expectativas de *promoção* e às necessidades de *assistência* sociais sabem que, se o econômico não estiver satisfatoriamente realizado, haverá escassez (para não dizer, quase inviabilidade de avançar) no social. É o que comprova a validade do pensamento de autoria anônima: "o sonho, desprovido de senso prático, naufraga; o senso prático, sem a energia criativa do sonho, não voa".

Buscando enxergar, e entender, o panorama de nossa contemporaneidade, sob o viés da identidade profissional[5], suas causas e efeitos[6]; seu hoje e, particularmente, seu discutido e discutível amanhã, é que se submerge neste estudo, atento a uma inquietante realidade na mutante relação governo x poder, tomada no seu sentido universal (todos os países). Normalmente, simbiótica, hoje nos defrontamos com a disjuntiva: *governos que não têm poderes* (na disseminada pulverização entre macro e não bem identificados agentes privados) e *poderes que não são governo* (em geral, corporações multinacionais).

---

(4) "No sentido em que entendemos atualmente, o trabalho nem sempre existiu: apareceu com os capitalistas e os proletários" ... "Trabalho (que como se sabe, vem de *tripalium*, aparelho dotado de três estacas cujo acionamento torturava o operador) — hoje em dia designa praticamente; apenas *uma atividade assalariada*. Os termos trabalho e emprego tornaram-se equivalentes" ... (GORZ, André, 1982: 9)

(5) Para onde vai a classe média: um novo profissionalismo no Brasil? BARBOSA, Maria Ligia de Oliveira. São Paulo: Tempo Social, vol. 10, p. 132, 1998.

(6) A identidade laboral é uma marca típica da nossa sociedade, ou seja: A profissão — compreendida como marca consagrada no mercado de trabalho, como mercadoria de competência reconhecida — é a guardiã de uma certa forma de subpolítica normalizada. A identidade pessoal-social está conectada nesses padrões de força de trabalho com o direito e dever de dispor da essência do trabalho. BECK, Ulrich; GIDDENS, Anthony; LASCH, Scott. *Modernização reflexiva: política, tradição e estética na ordem social moderna*. Tradução de Magda Lopes. São Paulo: Unesp, 1997, p.63.

"Navegar é preciso", como no verso de *Fernando Pessoa*, mas, simultaneamente, "*viver também* é preciso", tratando de compreender e explicar onde chegamos, como chegamos e a compartilhar de novas travessias civilizatórias, em que o *trabalho* poderá ser timoneiro, ocioso passageiro ou simples marujo deportável.

Será saudável se, examinando alternativas conceituais, planejamentos teóricos e constatações reais, encontrarmos rastros e pistas do exequível satisfatório, por meio de propostas que ajudem a reduzir a alarmante privação material de tantos despossuídos, num mundo de colheitas fartas e produção tecnológica incomensurável. Se tudo isso, amanhã ou depois de amanhã, se puder fazer para um tempo duradouro, sem paternalismo, sem populismo e respeitando a liberdade individual, poder-se-á dizer que, paradoxalmente, nasceu uma utopia real.

Do homem, de *seu trabalho*, da sua criatividade e, particularmente, da arte da convivência e do desfrute satisfatório, numa nova sociedade civilizada (ou de uma nova civilização), esse futuro projetado, e a construir, dependerá. Quem sabe um futuro *mais possível* se fará provável?!

2. AS DESIGUALDADES(7)

Os desníveis entre as pessoas partícipes de uma sociedade são tanto *mais gritantes quanto mais subdesenvolvida ela for*(8). A penúria absoluta — a vida abaixo da linha de pobreza(9) — normal-

---

(7) "A desigualdade é o mais importante problema *ecológico* do planeta; ao mesmo tempo, essa é o mais importante problema de desenvolvimento. Conseqüentemente, uma análise integrada do gênero de população e da alimentação, da perda de espécies vivas e de recursos genéticos, de fontes de energia, da indústria e da colonização humana, mostra que todos estes fatores estão em estreita relação, e não podem ser considerados como se fossem independentes um do outro." (BECK, Ulrich 2003, p. 59-60).

(8) "Há grande perplexidade nas características que permeiam a sociedade emergente após o término do "breve século XX", na redistribuição da produção, com irreversível alargamento do abismo sócio-econômico entre países ricos e países periféricos ("processo um tanto acelerado pelo desastroso impacto da década de 1980 sobre grande parte do Terceiro Mundo, e a pauperização de muitos países ex-socialistas". HOBSBAWN, Eric. *Era dos Extremos: o breve século XX*, trad. Marcos Santarrita, 2ª ed., São Paulo: Companhia das Letras, 1995, p. 549.

(9) Se considerarmos indicadores de pobreza, na América Latina, em 1990 o número de pessoas vivendo abaixo do nível de pobreza alcançava 204 milhões, ou 40% da população (MATTOSO, 1995). No final dessa década a situação permanecia semelhante, com os 40% dos domicílios mais pobres captando entre 10% e 20% do total da renda gerada. Ainda nos anos 90, a taxa média de desemprego saltou para 7,2% da PEA,

mente reúne populações percentualmente muito elevadas, justamente ali onde minorias restritas concentram despudoradas e desafiadoras fortunas bilionárias. A sociedade repete a topografia, a orografia e os segredos das águas, enfim, a lição da natureza: são mais elevadas as cadeias montanhosas, onde mais profundas se mostram as águas oceânicas, em suas regiões abissais e pelágicas.

A desigualdade salarial que, entre países modelares na distribuição de renda — como Dinamarca, Finlândia, Canadá etc. — do piso ao teto da hierarquia remuneratória, não ultrapassa a 1 x 15 (ou seja, o maior ganho, no máximo, é *quinze vezes* o valor do menor), chega nas regiões subdesenvolvidas, a diferenças que superam 1 x 200 (o mais bem remunerado percebe *200 vezes* o salário do menos aquinhoado). De qualquer maneira, esse desajuste alarmante (que, entre pessoas, humilha), entre países agride, tensionando e/ou colonizando. É infinitamente mais contundente, obrigando-nos a acreditar (e a verificar testemunhalmente) que vários mundos existem em nosso mundo; que alguns, fruto de profunda injustiça, teimosamente subsistem, quando pareceria que sua continuidade, por hipossuficiência, seria impossível.[(10)]

Não basta, em tais configurações, a figura formal governamental. Há que se cuidar para evitar a mera existência de governos que não governam, que não se governam e que se deixam governar por interesses subalternos. Um governo só nominal não responde à necessidade ante exigências humanas essenciais de dignidade. Faz-se necessária a valorização da pessoa. E não basta tê-la isolada. Imprescindível o grupo; vê-las juntas, formando e atuando como sociedade.

---

frente aos 6,6% dos oitenta, e o setor informal foi responsável por 60% do total de novos postos de trabalho gerados. No Brasil a situação não é muito distinta: estudo recente do IPEA e IETS revelou que 54% dos brasileiros vivem abaixo da linha de pobreza (renda inferior a R$ 149,00 mensais) e 30% são indigentes (renda mensal inferior a R$ 73,00) (Zero Hora, 1999); os 40% mais pobres abocanham somente 10,57% da renda — a participação mais baixa no continente —, e a taxa de desemprego encontrava-se superior a 7% no final dos noventa, face à média de 5,3% para a década anterior. Esses e outros dados podem ser encontrados em LA FUENTE E SÁINZ, 2001 e STALLINGS e WELLER, 2001.

(10) "Há uma questão mais radical sobre o momento histórico que vivemos. Contrariando as teses da supremacia das relações capitalistas e da via única, com base na tese do *esgotamento da dimensão civilizatória do capital,* explicitando-se, agora, apenas na sua face destrutiva. O ímpeto de destruição, até mesmo nos países que atingiram grande estabilidade social, tende a aumentar. Os problemas enfrentados atualmente pela França, Alemanha, Itália, entre outros países europeus que tiveram enormes conquistas sociais neste século, embasam tal tese de MESZÁROS, Ivan *in* "Globalização e Crise do Emprego: Mistificações e Perspectivas da Formação Técnico-Profissional", Boletim Técnico do Senac n. 25 (2) — DN, captado da internet em 23 de fevereiro de 2005, no site http://www.senac.br/informativo/BTS/252/boltec252c.htm.

Os descompassos no acesso à riqueza, atingindo números agudos, levam à desestabilização, quer no plano pessoal e, superlativamente, entre nações[11]. O abismo numérico que separa o PIB de toda a África subsaariana do norte-americano, por exemplo, é infinitamente superior às diferenças pessoais, por mais injustas que sejam.

Destarte, convém iniciar o presente estudo por *atualizados* elementos informativos que, de fonte fidedigna, nos dêem panorâmica visão de uma das mais trágicas e onerosas conseqüências deficitárias e danosas do universo laboral: a *infortunística*, somatório triste da enfermidade profissional com o acidente do trabalho, exemplo vivo do lado mais do que cinzento do trabalho produtivo.

3. INFORTUNÍSTICA CONTEMPORÂNEA E O AMO-ESCRAVO DA PRODUÇÃO

Um informe da Organização Internacional do Trabalho (OIT), divulgado em Genebra, no dia 1º de maio de 2004, mostra que as doenças[12] e os acidentes decorrentes do trabalho[13] provocam, *anualmente, dois milhões de mortes* (isto é, mais de cinco mil óbitos diários). Além da insuperável valia da vida humana e do signifi-

(11) Nota-se, ainda, que cabe especificar que tal situação permitiu a transferência da indústria dos velhos centros (países ricos), em que a mão-de-obra tem altos custos, para os países periféricos, em que se pode arregimentar "mãos e cabeças baratas" (originando, no extremo, contextos de *dumping* social) além da ... hegemonia das economias de consumo de massas (oriunda da "Era de Ouro", em que grassaram as rendas reais crescentes). Nesse aspecto *Hobsbawn* situa a "Era de Ouro" entre 1950 e 1960, durante a "paz congelada" da guerra fria, quando o capitalismo monopolista transnacional viabilizou-se definitivamente e estabilizou-se, promovendo extraordinária expansão econômica e profundas transformações sociais. *Ibidem*, p. 253-281.

(12) As doenças ocupacionais são doenças que ocorrem pela exposição cotidiana do trabalhador a agentes nocivos de qualquer natureza, presentes no ambiente de trabalho. São espécies dessas doenças: as doenças do trabalho e as doenças profissionais. As primeiras estão associadas a fatores relacionados ao trabalho, porém não estão ligadas ao exercício de determinada profissão. À guisa de exemplo cita-se a aquisição de DORT (exposição continuada ou não de movimentos repetitivos). As doenças associadas à profissão são aquelas cuja atividade, por sua natureza, atua na incapacitação para o trabalho, doença ou morte, como é o caso dos mineradores em lavra subterrânea, propensos à silicose — doença profissional", *in* LIMA, Maria Marta Rodovalho Moreira de. "Acidentes do Trabalho. Responsabilidade relativas ao meio ambiente laboral. *Jus Navegandi*", Teresina, a. 8, n. 472, 22 out.2004. Disponível em: <http//www1.jus.com.br/doutrina/ texto. Asp?id=5815> . Acesso em 2.mar.2005.

(13) O conceito legal de acidente do trabalho está definido no art. 19 da Lei n. 8.213 de 1991 — *Acidente do trabalho é o que ocorre pelo exercício de trabalho a serviço da empresa ou pelo exercício do trabalho dos segurados referidos no inciso VII do art. 11 dessa Lei, provocando lesão corporal ou perturbação funcional que cause a morte ou a perda ou redução, permanente ou temporária, da capacidade para o trabalho.*

cado inquantificável de sua perda, onera-se a economia global, com tais falecimentos, em mais de um *trilhão duzentos e cinqüenta bilhões de dólares*/ANO. Isto é, aproximadamente 4% (quatro por cento) do PIB mundial e quase duas vezes o Produto Interno Bruto do Brasil.

A publicação da OIT, intitulada "Segurança em Cifras", assinala também que 160 (cento e sessenta) milhões de pessoas sofrem de doenças profissionais (muito mais do que os pacientes de câncer, p. ex.), enquanto o número de acidentes soma 270 milhões, dos quais 355 (trezentos e cinqüenta e cinco) mil *são mortais*.

Mais alarmante, pelo trágico humano que a envolve, é a informação de que 12 (doze) mil crianças trabalhadoras morrem, anualmente, em conseqüência de danos acidentais ou de enfermidades do trabalho.

A pesquisa estatística da OIT corrobora o que se vinha salientando sobre os desníveis e desigualdades, no mundo laboral, entre pessoas, e, particularmente, entre países (ou regiões): as taxas de mortalidade infortunística, nos países subdesenvolvidos ou em vias de desenvolvimento, são *quatro vezes superiores* às registradas em nações industrializadas (desenvolvidas).

A análise numerológica leva a OIT a prognosticar que, em média, o infortúnio reduza a vida trabalhista em *cinco anos*.

No compartimento econômico, além de aposentadorias antecipadas e indenizações, a acidentalidade determina uma abstenção laboral de 5% (cinco por cento), agravando custos, para o Estado e a empresa, obviamente, ao final, repassados ao consumidor, inclusive pelo desequilíbrio deficitário provocado por uma crescente demanda de seguro-desemprego.

Para o trabalhador e sua família, afora o desenlace fatal (que fala por si de sua gravidade), a incapacidade total, a parcial (fazendo do trabalhador um *minus* válido com perspectivas reduzidas de emprego), uma conseqüência constante é o "empobrecimento" grupal.

Para a empresa, a perda definitiva ou temporária do trabalhador qualificado, os custos indenizatórios, as ausências repetidas e significativas, diminuem e desqualificam a produção, gerando ônus agregados e perdas competitivas, especialmente em mercados estreitos de competitividade ferrenha.

Valem os números para que passemos a discutir, não sobre futurologias quiméricas (ainda que nos preocupe a projeção sensata do amanhã); não apenas sobre róseos modelos laborais da sofisticada infoeletrônica, com sua assepsia laboral, mas sobre eles e também sobre outras matrizes ainda existentes e persistentes: nas minas e no meio rural, na atividade extrativa e no trabalho infantil; tanto nos integrantes do G-7 como na absoluta maioria dos países onde a industrialização é o futuro que não chegou.

Ao analisar números tão expressivos, pela sua agressividade e onerosidade econômica, vê-se que há um *prejuízo* (ou um dano) que extrapola os limites do indivíduo, de sua família, da empresa a que se vincula(va), transferindo-se à própria sociedade. É a vida produtiva, num tempo que se apresenta como automatizada, agredindo seu agente mais nobre, o trabalhador; enfim, a sua face humana.

O contrasenso estaria nessa numerologia vitimológica espantosa numa época *high tech* em que se presumiria que a evolução sofisticada dos equipamentos não mais ofenderia o operário, como em tempos passados.

Servem tais números (e a própria nota técnica destaca o enfoque) para que se veja com nitidez que automatização, tecnologia de ponta, são personagens de um mundo geo-economicamente muito restrito e que parcelas enormes da massa assalariada (mais ainda, do contingente ocupado) não convivem com esses avanços operacionais da criatividade científica. Daí, a proporção de *4 por 1* na estatística acidentária, quando se mensuram infortúnios nos países subdesenvolvidos ante os ocorridos no mundo desenvolvido.

De qualquer maneira, mesmo registrando e destacando a *diversidade sócio-econômica de cronologia* (por força de encontrarem-se em etapas civilizatórias distintas) desses "dois mundos" contemporâneos, não se pode esconder a surpresa, ante estatísticas (mesmo as do G-7) tão contundentes na penalização laboral do trabalhador. Se, hoje, há países de 1º Mundo — e são vários — com jornadas que não ultrapassam as 7 (sete) horas diárias, com semana de 5 (cinco) dias e férias anuais de 4 (quatro) semanas, torna-se obrigatório formular a interrogação: como, em tais países, com máquinas inteligentes e trabalhadores bem treinados, atingem-se também cifras acidentárias elevadas?

O antes — início do século XIX, por exemplo — com suas vítimas repetidas e quotidianas explicava-se pela jornada de 14 horas, pelos intervalos minúsculos, pelo fim-de-semana trabalhado, pelas férias inexistentes, pelas máquinas primitivas e totalmente desequipadas da obrigação de proteger o trabalhador; agora, depois de tantas leis detalhistas, de movimentos sindicais ruidosos e exitosos, de avanços na Engenharia de Segurança e na Medicina do Trabalho, de obrigatória fiscalização governamental, o que poderá justificar os ainda preocupantes algarismos originados pelo infortúnio?

Há quem — falamos do 1º Mundo, pois no subdesenvolvido, muitas vezes, se está ainda no século XIX — *explique* pelo permanente temor do desemprego, pela tensão da exigência produtiva, pelo desafio diuturno de vencer a batalha da competitividade, ou seja, pelo descompasso bio-psicológico que tudo isso gera, desembocando num *estresse constante*, que seria a causa básica desse pecaminoso anacronismo contra o trabalhador.

O lógico é que esse trabalhador fosse "patrão" dominador de seu processo laboral; que ele ocorresse, particularmente na atualidade do 1º Mundo, sem esse ingrediente do risco do infortúnio. Não haverá, no plano das relações produtivas, uma efetiva e desejada democracia social, enquanto quem devia ser amo do sistema de produção, ainda correr o risco de ser escravo, apesar de toda a maravilhosa parafernália que, em tantos aspectos, mudou — e, inegavelmente, para melhor — esse mesmo sistema.

4. DESEMPREGO E DISCRIMINAÇÃO: INSEGURANÇA[14] NO TRABALHO E NA SOCIEDADE

E a atualidade brasileira, no concernente aos números do universo do trabalho? Segundo o Instituto Brasileiro de Geografia e Estatística (IBGE), em seu relatório oficial de 2003, metade dos trabalhadores brasileiros pesquisados cumpre jornada semanal que oscila de um piso de 40 (quarenta) horas a um teto de 48 (quarenta e oito) horas. No mesmo documento, assinala-se que 54,2% (cinqüenta e quatro vírgula dois por cento) dos assalariados pesquisados tem carteira profissional anotada[15]. No entanto, só 28,9% (vinte e oito vírgula nove por cento) desse universo conseguiu completar o ensino médio, isto é, onze anos de escolarização formal. Informa-se, também, que o rendimento médio do assalariado *encolheu*, nos últimos 6 (seis) anos, em valor real, 10,1% (dez vírgula um por cento).

(14) "Insegurança no mercado de trabalho, insegurança no emprego, insegurança na renda, insegurança na contratação e insegurança na representação do trabalho." MATTOSO, Jorge. *A Desordem do Trabalho*. São Paulo: Página Aberta, p. 77, 1996.

(15) "O emprego formal reduziu-se em 3,3 milhões de postos de trabalho. Nas principais regiões metropolitanas os trabalhadores com carteira de trabalho representavam cerca de 57% dos ocupados em 1989. Dez anos depois, em 1999, respondiam por apenas 44,5% do mercado de trabalho. Em contrapartida, os trabalhadores sem carteira de trabalho que participavam com 19,1% em 1989 terminaram a década com 26,4%. O crescimento do trabalho informal nos anos 90 foi de mais de 62%, segundo dados oficiais do IBGE. Pelo mesmo instituto, os rendimentos do trabalho reduziram-se em 8% ao longo dos anos 90". MATTOSO, Jorge. "Mínimo Salário Mínimo". *Jornal do Economista* n. 133, 2001.

Preocupando-nos, prioritariamente, com *o futuro trabalhador ou com o empregado iniciante*, tomando como base a faixa etária que vai dos 16 (dezesseis) aos 24 (vinte e quatro) anos, a taxa de desemprego oficial — conforme Boletim do Ministério do Trabalho e Emprego, março, 2003 — desse grupo jovem era de 17,8% (dezessete vírgula oito por cento), substancialmente maior — quase o dobro — do que a média nacional geral, fixada, na ocasião, em 9,3% (nove vírgula três por cento).

Há, nesse contexto, tão aziago para a juventude, um agravante nitidamente discriminatório, evidenciado pela constatação de que o desemprego entre as moças é de 22% (vinte e dois por cento), enquanto o dos rapazes é de 14,5% (quatorze vírgula cinco por cento). Menos contundente, mas também significativo, é o desnível — nova manifestação discriminatória — no aproveitamento ocupacional entre jovens brancos (desemprego de 16% — dezesseis por cento) e entre os negros, atingindo o patamar dos 19% (dezenove por cento).

Em síntese, o levantamento feito pelo Ministério do Trabalho e Emprego faz saber que, hoje, haveria, no Brasil, um contingente de quatro milhões e duzentos mil moços desocupados, dos quais — o que é agudamente inquietante — mais de oitocentos mil, inteiramente inativos, posto que sequer freqüentam a escola.

Tal quadro põe em relevo a situação deficitária do mercado laboral, particularmente com relação à massa jovem, aspirante legítima ao primeiro emprego.

Numa perspectiva econômica que circula numa faixa de 2,5% a 3,5% de crescimento anual do Produto Interno Bruto (PIB) e levando em conta que a taxa de crescimento demográfico — mesmo cadente nos últimos anos — permanece em 1,8% (um vírgula oito por cento), não é difícil concluir o quão limitada é a capacidade de absorção empregatícia decorrente desses números e dessa realidade, e as preocupações sérias sócio-político-culturais que disso decorrem. Não se veja, de mais a mais, esse balanço estatístico como isolado "caso brasileiro". Repete-se, com aproximações e similitudes, em muitas outras nações, talvez até com acrescida problematização, levando-se em conta que o Brasil é um país grande, de enorme potencial natural e de economia razoavelmente dinâmica; elementos favoráveis — ou parcialmente atenuantes desse contexto negativo — de que não dispõem inúmeros países que também não freqüentam o elitizado clube dos primeiro mundistas.

O quadro ocupacional sofrendo impactos contundentes; as expectativas de emprego sendo continuadamente menores do que as desejadas e necessárias; *o problema*, inclusive, não só dramatizando a realidade sócio-econômica dos países não-desenvolvidos, mas, hoje, também alcançando (evidentemente que em cifras menos agressivas) os países do Primeiro Mundo — inclusive os Estados Unidos(16), a partir, sobretudo, da administração Bush — *obriga* a uma avaliação que, exigindo rápida imersão no passado e vivenciando o presente, atreva-se a projetar(?) um presumível amanhã.

O que não se pode ocultar é que o mundo violento de hoje, no qual a segurança pública não garante a propriedade privada nem a integridade física do cidadão; *no qual* o crime, em muitos lugares, é mais eficiente, organizado e produtivo (!) que a sociedade e, sobretudo, que a forma jurídico-política em que ela se estrutura, isto é, o Estado; *no qual* a droga, sob variados nomes e distintas formas, corrói corações e mentes (física, psíquica e moralmente), invadindo, autosuficiente, compartimentos privados do cidadão, por um lado, e anulando — porque nele, muitas vezes, embutida — a capacidade(?) de reação do Poder Público; *no qual* a informalidade ocupacional, que era uma atipicidade notoriamente citada e criticada em populosos e não-desenvolvidos países e, hoje, tornou-se figura freqüente e crescente também nos dados estatísticos das grandes potências; *no qual* o risco do desemprego(17) (18) não é apenas o que amedronta, como desde ontem, o peão sem-qualificação profissional da construção civil mas também, desde pouco, atemoriza o empregado qualificado da corporação aparentemente todo-poderosa, sacudida por resultados insatisfatórios e levada aos *down-sizings* (ou coisa parecida) que marcaram — ou enfeitam — a despedida, muitas vezes, coletiva, *determina profunda alteração nos relacionamentos societários individuais e grupais;* familiares e empresariais; nacionais e internacionais(19). O mundo não só mudou. *Está*

---

(16) Aproximadamente 35 a 50% da população trabalhadora britânica, francesa, alemã e norte-americana encontra-se desempregada ou desenvolvendo trabalhos precários, parciais, que *Gorz* denominou de " proletariado pós-industrial", expondo a dimensão real daquilo que alguns chamam de *sociedade dual* (GORZ, 1990, p. 42 e 1990 a). Na atualidade, pelos dados oficiais de tais países, não se chegaria a tais cifras. ANTUNES, Ricardo. *Adeus ao Trabalho? Ensaio sobre Metamorfoses e a Centralidade do mundo do Trabalho*, São Paulo: Editora Cortez/Editora da Universidade Estadual de Campinas, 9ª ed., 2003, p. 53.

(17) Na Europa de 1999 haveria *18 milhões de desempregados e 52 milhões de pessoas que vivem no limiar da pobreza.* SANTOS, Boaventura.

(18) Estatísticas alarmantes se explicitavam nos países periféricos da América Latina, África e Ásia. São Paulo, um centro do capital internacional, teria uma taxa de desemprego ao redor de 19%, com quase 1.700.000 trabalhadores desempregados. As taxas de dezembro da Argentina chegariam, em 2003, a 18%. (Boletim Técnico do SENAC n. 25 (2) — DN)

(19) "Desregulamentação, flexibilização, terceirização, *downsizing*, "empresa enxuta", bem como todo esse receituário que se esparrama pelo "mundo empresarial", são expressões

mudando; perigosamente, para um destino e um modelo que não se sabe qual é. Corre-se o risco de padecer do mal da desatenção involuntária e fatal de que nos advertia o filósofo se, por não sabermos o que procuramos, quando encontrarmos — se encontrarmos — não venhamos a nos aperceber.[20]

Pretensiosamente, para tentar invadir, decifrando, esse desafio misterioso, de que somos agentes e pacientes, é que se pretende aprofundar a continuidade deste estudo.

---

de uma lógica societal onde se tem a prevalência do capital sobre a força humana de trabalho, que é considerada somente na exata medida em que é imprescindível para a reprodução desse mesmo capital. Isso porque o capital pode diminuir o trabalho vivo, mas não eliminá-lo. Pode intensificar sua utilização, pode precarizá-lo e mesmo desempregar parcelas imensas, mas não pode extingui-lo. ANTUNES, Ricardo, ob. cit., p. 171.

(20) "Não sabemos para onde vamos, mas sabemos o que nos trouxe até aqui e que, se continuarmos os rumos do passado e do presente para o novo milênio, vamos fracassar. E o preço desse fracasso será a escuridão. O rumo a reforçar não é, pois, do ajuste subordinado à globalização e reestruturação produtiva que produzem uma sociedade de exclusão e de desintegração social". HOBSBAWN, Eric. *A era dos extremos: o curto século XX (1914-1989)*. São Paulo: Companhia das Letras, 1995.

CAPÍTULO II

FEIÇÕES CRÍTICAS DA (NOVA?) SOCIEDADE

5. A "BRASILEIRIZAÇÃO" DA SOCIEDADE NUM TEMPO INFO-INFO

Em visão desanimadora, *Ulrich Beck* prognostica a "brasileirização" do Ocidente[(1)], numa metáfora em que a referência não constitui estímulo nem destaque honorífico para o Brasil. Assinala que, no porvir, o trabalho num mundo *Info-Info* (Informática-Informação) seria cada vez mais precário, na medida em que se desvaneceria o sonho e — conforme o autor citado — desconstituir-se-ia a possibilidade efetiva de construir a sociedade do pleno emprego (SPE).

A perspectiva, mesmo nos mais avançados núcleos da civilização ocidental (portanto, 1º Mundo), seria, com o correr dos tempos, formar-se uma minoria de trabalhadores com tempo pleno e uma majoritária massa laboral, constituída de prestadores informais. Ambulantes ou *nômades ocupacionais* vagando, de um lado para o outro, praticamente sem destino, em busca de uma ocupação momentânea e, por isso, insegura.

Começa a verificar-se preocupante progressão numérica desse tipo de trabalhadores. A "multiatividade nômade", que alcançava, no passado, apenas o universo feminino, alargou-se; na Alemanha, em 1960, eram precários menos de 10% (todos, então, migrantes); na década de 70, beirou a 20% tal contingente, comparado à totalidade do pessoal ocupado. A progressão ameaçadora já teria elevado a 30% (trinta por cento) esse número no decurso da década de noventa, entre os germânicos. Há quem acredite ser possível chegar-se a mais de 40% até o final da primeira década deste século.

---

(1) Em seu livro *Admirável mundo novo do trabalho*, BECK, Ulrich, utiliza a expressão "brasilização do ocidente" para referir-se à tendência de precarização do trabalho e condições de vida do mundo desenvolvido. *In* Entrevista. *Folha de São Paulo*, São Paulo, 23.maio.1999. Caderno Mais.

Ter-se-ia, dessa maneira (sejam os percentuais exatos ou meramente aproximados), um panorama econômico-político inseguro, no limiar de uma sociedade de risco mundial; fatos e circunstâncias que, a um tempo só, são influenciados pelas e influenciam as relações laborais.(2)

Haveria um novo jogo de poder que se travaria entre agentes vinculados a uma estrutura territorial (que lhes delimita a esfera precípua de atuação), como o próprio Estado, os sindicatos etc.; e os que, por desvinculados territorialmente, instrumentalizam, com flexibilidade e amplitude, seu poder além-fronteiras (capital, finanças, comércio etc.).

Coincidentemente, veriam os Estados sua margem de manobra reduzida, face históricos compromissos e exigências decorrentes de protecionismos sociais, p. ex., *seguro-desemprego*. Enquanto países mais prósperos da Europa "pagariam sua pobreza", ainda em valores significativos e sofreriam, já preocupadamente, desequilíbrios e solavancos orçamentários, que obrigariam a repensar a situação; outros conviveriam quotidianamente com novos agregados de pobreza pelo drástico contingenciamento (diminuição) do valor dos benefícios (E. Unidos) ou, simplesmente, os tornariam pouco mais do que meramente simbólicos, por diminutos e raros (como ocorreria entre nós).

Isso tudo ocorreria sob o testemunho e ante o abalo de uma sociedade laboral, que parece estar em processo comatoso (numa análise cáustica de *Beck*), na medida em que pessoas são, rotineiramente, substituídas por tecnologias inteligentes que, ao trabalho remunerado, em geral, e ao assalariado, em particular, por formais e menos flexíveis, ameaçam de substituição e, até mesmo, de supressão.

A efetivação progressiva de tal prognóstico (premonição ou palpite?) que, em circunstâncias parciais e setoriais, já se vem fazendo sentir, produziria verdadeiro "efeito dominó". Antes, numa sociedade de pleno emprego (obtido ou perseguido), programava-se, com razoável segurança, a arrecadação de impostos futura (inclusive,

---

(2) As relações laborais pós-modernas têm as seguintes características: 1) a priorização do capital sobre o trabalho e a substituição crescente de mão-de-obra por tecnologia; 2) a flexibilização ou desregulamentação do Direito do Trabalho; 3) a instabilidade no emprego; 4) a individualização das relações de trabalho em diversas dimensões; 5) precarização do custo do trabalho." (tradução livre). URIARTE, Oscar Ermida. "Globalización y Relaciones Laborales", *in Impactos da Globalização — Relações de Trabalho e Sindicalismo na América Latina e Europa*, Coordenação de Diana de Lima e Silva e Edésio Passos, São Paulo, Ed. LTr, 2001, pp. 75/76.

por analogia, a contribuição previdenciária), o que permitia, p. ex. o cumprimento, sem maiores riscos, das obrigações securitárias. Com o novo delineamento no qual se precariza o trabalho, gerar-se-ia, para o indivíduo, nas suas expectativas cidadãs, flagrante inquietude (mais até, insegurança). E um círculo vicioso começa a formar-se: com menor e vacilante arrecadação, haveria que reduzir benefícios sociais (ou inadimpli-los), justamente porque a rede protetiva da sociedade-Estado — da qual mais se exige ante a crise social — menos pode, nesse momento, em decorrência da crise econômica, que também é causa daquela e, por ela, se vê agravada.(3)

6. DA "SOCIEDADE LABORAL" À "SOCIEDADE DE RISCO"

A situação de claro desequilíbrio das finanças públicas em tal contexto (fragilização da economia diminuiria canalização de receitas, enquanto a agudização da exclusão social cobraria mais despesas para atenuá-la), ver-se-ia acompanhada — ou até antecedida — por medidas que se alastrariam pela área privada.

Enquanto, regra geral, governos buscariam forçado e transitório equilíbrio, adotando agressiva política tributária (aumento claro ou dissimulado de impostos), as empresas, já vitimadas pelo desarranjo geral, acrescido pelo impacto do acréscimo impositivo, passariam a orientar-se, entre outras, pela estratégia da *flexibilização*. Esta, em muitas circunstâncias, ao afrouxar vínculos empregado-empregador, reforçando sobremaneira o *jus imperium*, ampliaria a possibilidade e facilitaria a operacionalização de medidas redutoras de custos, priorizando a diminuição de gastos com mão-de-obra, simplificando e favorecendo o processo de despedida.

(3) "As crises econômicas se definem por provocarem o desemprego e o subemprego como fenômeno de massas. Os governos e sindicatos de todos os países capitalistas desenvolvidos concordam que a superação de um tal desemprego maciço deve ser um objetivo primordial da política estatal. Pelo lado dos governos, essa predominância do pleno emprego como uma meta política é ainda mais acentuada em se tratando de governos de "Estados de bem-estar", submetidos a pagar à população atingida pelo desemprego indenizações, até um determinado montante, em substituição ao salário (seguro-desemprego etc.), e a garantir a capacidade de cobertura dos orçamentos de seguridade social. Além disso, outra motivação da política estatal resulta do fato de que o desemprego e a daí resultante perda parcial da renda salarial da população reflete-se diretamente na receita dos orçamentos públicos, atingindo assim o Estado enquanto "Estado tributário". O interesse dos sindicatos no pleno emprego resulta de sua característica de serem coligações da força de trabalho." OFFE, Clauss/HINRICH, Karl. "Economia social do mercado de trabalho: diferencial primário e secundário de poder", *in Trabalho & Sociedade — Problemas Estruturais e Perspectivas para o Futuro da Sociedade do Trabalho*, vol. I, Rio de Janeiro: Tempo Brasileiro, 1989, p. 43.

Seria o Estado: 1) ou *porque* seguiria filosofia e implementaria política de que só o quase ilimitado *jus gestionis* permitiria à empresa bem autogerir-se, fazer-se mercadologicamente competitiva, e ser exitosa, condição para manutenção de empregos atuais e geração de novos, e *adotaria na plenitude a economia liberal,* com a sacralização das regras do mercado; 2) ou *porque*, mesmo sem enveredar pela superlativização da livre iniciativa e preservando, em seu favor, parcelas, maiores ou menores, de intervencionismo, se mostraria incompetente para superar a crise no mundo laboral e, para tentar salvar suas próprias contas, que *retiraria, parcialmente, a rede de proteção social, deixando a cargo do trabalhador e de sua força associativa a tarefa de preservar suas conquistas.*

Seria a transferência progressiva do poder — também no que concerne àqueles institutos trabalhistas, usualmente de ordem pública — para a competência negociadora do mundo coletivo, via *ação sindical*. E, face a sua menor capacidade reivindicatória e/ou de resistência, abalada pela queda do vetor associativista, também fruto do temor epidêmico gerado pelo risco do desemprego, voltaria — ou estaria paulatinamente retornando — o trabalhador, como no início do processo industrial, à sua batalha de *homem só*. Passaria a esmerar-se no aprendizado profissional, na vivência funcional, na arte negocial, em termos individuais, porque tais acervos seriam os de utilização decisiva para sua sobrevivência contratual.

Começariam, por isso, a ganhar corpo o ajuste a tempo parcial, a contratação temporária, o acordo predominantemente de performance, no que tange ao cálculo remuneratório. Seria o desenhar-se de um cenário onde se estaria enfatizando o *indivíduo e a individualização*. Em parte, diz-se, porque o sentido grupal (o "nós" associativo) estaria intimamente ligado à idéia de *quantidade*, quer de produtores, quer do produzido (ou a produzir), marca indelével da Revolução Industrial e de seu período; e porque o ciclo que a substitui (pós-industrial), que se estaria a implantar, seria (ou será) o da criatividade — menos padronização — exigente do destaque à pessoa em si. Não há como discordar de que isto *também* estaria a ocorrer, especialmente em certos países e, em particular, em setores e atividades específicas (alta tecnologia, informação etc.). O que não se pode negar, no entanto, é que os processos produtivos ganhando novo feitio (automatização), com a exacerbação competitiva mercantil (muitos produtos para mercados a enfrentar e a criar), a facilidade das relações financeiro-comerciais além-fronteiras (globalização associada com informação), determinariam *novos paradigmas, tanto nos custos, quanto nos preços;* tanto na amplitude de mercados, quanto na sua geografia e publicitária abordagem.

Tudo isso — ou quase tudo — estaria sendo progressivamente debitado à conta dos encargos laborais (menos gente, menores deveres sociais, conseqüentemente menos garantia de permanecer no emprego, de acréscimo ou preservação retributiva e, para os que intentam acesso ao emprego, maiores dificuldades, por maior competição, para obtê-lo).

Uma visão ainda menos favorável — segundo outros, mais realista na antevisão do porvir — desenharia, como conseqüência, a transformação da chamada "sociedade laboral"(4) (produto dileto e direto da sociedade moderna, via Revolução Industrial) em "sociedade de risco"(5), *abalada* em sua necessidade de harmonização e sustentação, por permanentes e contundentes *ameaças de fratura* ante o desencadeamento de problemas, crescentemente transferidos do indivíduo para a sociedade: do econômico ao social; deste, ao político e, finalmente, ao institucional.(6) *Será?*

7. SERIA O FIM DA "SOCIEDADE DO PLENO EMPREGO"?

Os profetas do pessimismo(7), entre os quais se notabiliza *Goez*, chegam a asseverar que o traço característico do futuro, na vida da maioria dos seres humanos, será a insegurança endêmica.(8)

---

(4) "Somente o conto do País das Maravilhas fantasia uma sociedade sem trabalho"; uma crise da "sociedade do trabalho abstrato": é aquela em que se crê que o ser que trabalha não desempenha mais o papel estruturante na criação de troca, na criação de mercadorias". KURZ, Robert. *O colapso da Modernização: da derrocada do Socialismo de Caserna à Crise da Economia Mundial*. São Paulo: Paz e Terra, p. 26 e 227, 1992.

(5) "Qualquer um que conceba a modernização como um processo de inovação autônoma deve contar até mesmo com a obsolescência da sociedade industrial. O outro lado dessa obsolescência é a emergência da sociedade do risco". BECK, Ulrich; GIDDENS, Anthony; LASCH, Scott. *Modernização reflexiva: política, tradição e estética na ordem social moderna*. Tradução de Magda Lopes. São Paulo: Unesp, 1997, p. 15.

(6) O cerne dessas irritações é que poderia ser caracterizado como o "retorno da incerteza à sociedade", que significa aqui, antes de tudo, que um número cada vez maior de conflitos sociais não é mais tratado como problema de ordem, mas como problema de risco. Tais problemas de risco são caracterizados por não terem soluções ambíguas, ao contrário, são distinguidos por uma ambivalência fundamental, que pode em geral ser compreendida por cálculos de probabilidade, mas não podem ser resolvidos dessa maneira. BECK; GIDDENS; LASCH, *op. cit.*, p. 19.

(7) "Talvez até estejamos a ponto de sair da civilização do trabalho, que, desde o século XVIII, colocou a economia no posto de comando, e a produção na base do desenvolvimento social. Seria, então, demonstrar um apego fora de moda ao passado, subestimar as inovações que se fazem e as alternativas que se busquem, para ultrapassar a concepção clássica do trabalho. CASTELLS, *op. cit.*, p. 285-286.

(8) "Grupos sociais vulnerabilizados pela precariedade do trabalho que manifestam elevados níveis de ansiedade e insegurança quanto ao presente e ao futuro, de modo a

A ênfase, a cada dia mais significativa, para o Capital, de um lado, e, a seu lado, para o *saber rentável*, estabelece campos divisórios(9), absolutamente intransponíveis, na hierarquia de sociedades e países; força separações societárias (que contradiriam, de certa maneira, a tese da aproximação, decorrente do fenômeno globalizante), determinando um regredir de parte de nações e povos, não titulares-patrocinadores e, por isso, excluídos dessa mudança, cadenciada pelo binômio Saber-Capital.

O olhar para o amanhã recomendaria, na visão de tais analistas, que se rechace o *capitalismo selvagem*, orientado no *lucro só pelo lucro*, que acabaria por gerar antagonismo insuperável entre trabalhadores e empresários; diminuiria a figura e a atuação do Estado protetivo, podendo, por isso, desembocar numa ameaça à democracia social, da qual, por isso, se questionaria a legitimidade e, ao fim, por decorrência, se obstaria a própria viabilidade. Ideal seria buscar, mesmo numa cruzada com toque utópico, a concretização de um *capitalismo solidário*, que se manteria por si só; estribado na segurança material coletiva, na legitimidade e limitação do lucro, na preservação — onde e enquanto necessário — do exercício de direitos tuitivos, tendo como agente o Estado e em favor dos mais débeis. Assim, seria possível fazer-se a consolidação da democracia, tanto no plano social, quanto no econômico e no político.

Aliás, o mais potente adversário do Capitalismo — foi e é — o capitalismo selvagem, com seu teimoso "dogma" de comemorar a baixa dos custos laborais, entendendo-a como a única (ou a mais importante) estratégia para aumentar lucros. Por isso, entende-se que um capitalista experiente e exitoso como *Forbes* afirme: "os maiores inimigos do Capitalismo não são nem os Socialistas, nem mesmo os Comunistas; mas os *Capitalistas* incontidos que abusam do Capital".

---

fazer baixar o horizonte de expectativas e a criar a disponibilidade para suportar grandes encargos, de modo a obter reduções mínimas dos riscos e da insegurança". SANTOS, Boaventura de Souza, "Reinventar a democracia: entre o pré-contratualismo e o pós-contratualismo". *In:* Heller, A. Santos, Boaventura de Souza; CHESNAIS, F. *et ali. A crise dos paradigmas em Ciências Sociais e os desafios para o século XX*. Rio de Janeiro: Contraponto-CORECON-RJ, 1999, p. 31-75.

(9) La primacía de la racionalidad científica parecía adecuada a la modernidad clásica y al capitalismo desarollado, en una época en la que el mundo de trabajo constituía la experiencia dominante del hombre. En la época de la postmodernidad crítica, la esfera de la continuidad ya no se entiende como trabajo, y se concibe como algo situado mucho más allá de las formas institucionalizadas de existencia. BEYME, Klaus Von. *Teoría política del siglo XX: de la premodernidad a la postmodernidad*. Madri: Alianza Editorial, 1994, p. 247.

Tudo isso, porém, vaticínios e indagações, afirmações e descrenças, faz-nos pensar: admitidas as premissas áridas com que nos defrontamos, realmente está a conviver-se com o *fim* de uma proposta — mesmo quimérica — *da sociedade de pleno emprego?* Quando se efetivaria? Como e onde ocorreria? Seria possível depois dela — sociedade de pleno emprego — pensar num outro (e novo) tempo, em que se conviverá com a democracia? Ou esta também não sobreviveria? Será preciso — e será possível — um novo modelo social, com a celebração de um pacto inovador e restaurador?(10) Com um novo e desfigurado perfil — pelo que parece — do universo laboral do porvir, quem seriam os celebrantes desse concertação? E em nome de quem a celebrariam, se é que ela se celebraria?(11)

8. CAUSAS E CONCAUSAS DO RISCO(12) POTENCIAL

Seria hora de preocupação com as afirmativas corrosivas de *Goez*, lembrando que, daqui para o depois, somos todos "desempregados em potencial", na visão terminativa — porque generalizante — de que "a miséria do presente terá como único mérito ser o germe para o eventual desenvolvimento social alternativo". Essa manifestação vem acompanhada de um conceito marcadamente ideológico e parcializado: "a utopia do livre mercado não é solução; ao contrário, é a *verdadeira fonte* do problema".

---

(10) "... partindo-se da suposição de que a reconquista do pleno emprego não é possível sem o crescimento econômico, e que este não é possível sem o aumento da propensão ao investimento por parte dos empresários..." OFFE, Claus, ob. cit., p. 44.

(11) "Arrola *Claus Offe* várias razões que fundamentariam sua tese de que o trabalho, objetivamente, estaria perdendo seu *status* de fato da vida, sendo privado, também, de seu papel como força subjetiva motivadora central da atividade dos indivíduos. Em seu texto clássico sobre o assunto, que leva como título a pergunta "Trabalho: a categoria chave da sociologia?" (1989), a resposta tende para uma negativa. O autor parte, no entanto, do reconhecimento de que, na tradição clássica da sociologia burguesa e da sociologia marxista, a sociedade moderna e sua dinâmica central se constroem como uma *sociedade do trabalho*." Para TONI, Miriam de. "Sociologias" *(on-line)*. Jan./jun. 2002, n. 9 (citado 5 março 2005), pp. 246-286. Disponível na world wide web <http://scielo.br/scielo.php?script=sci_arttex&pid=s1517 — 45222003000100009eing=pt&nrm=isos. ISSN 1517-4522.

(12) La evaluación del riesgo y la disposición a aceptarlo no es sólo un problema psíquico sino, sobre todo, un problema social. Uno se comporta tal como lo esperan los grupos de referencia relevantes, o tal como uno ha sido socializado (...) inspirada sobre todo por los problemas tecnológicos de la sociedad moderna. LUHMANN, Niklas. *Sociología del riesgo*. Tradução de Javair Torres Nafarrate. México: Universidad de Guadalajara/Universidad Iberoamericana, 1992, p. 46.

Mesmo deixando para capítulos ulteriores o debate das assertivas anteriores — em especial das últimas — há de se ter em conta que atribuir à livre iniciativa e ao seu teatro de operações — o livre mercado — a causa de todos os males que assolam a Humanidade contemporânea, é não ter olhos para ver. A miserável situação por que passava — e, provavelmente, ainda passa — a população soviética (hoje russa etc.), dramática vítima do rigor estatizante do comunismo estalinista, demonstrou que a fome e a exclusão — também evidentes nas numerosas subclasses de países subdesenvolvidos, caudatários de Estados líderes ocidentais — não são monopólio do mundo ocidental, nem são frutos diretos da livre iniciativa.

Conseqüências, isto sim, trágicas, para populações desvalidas, que não as viram resolvidas — ao contrário, só agravadas — pelos confrontos ideológicos, repetidos e ferinos, da Guerra Fria; com acusações contundentes de, parte a parte, em que, infelizmente, parece que ambos os lados tinham razão. Por isso, há que as tomar, sem fanatismos, posto que o quadro de dificuldades e desafios obedece, pelo que se constata, não a uma causa isolada, mas a concausas que agem e reagem em conjunto, decorrentes de diferentes e, até, de conflitantes origens(13).

9. DA PARADISÍACA "SOCIEDADE DA CIDADANIA" AO VISIONÁRIO NÃO FICTÍCIO

Ulrich Beck propõe, impelido por sua descrença, a antítese da sociedade laboral; a seu juízo, a potenciação da *sociedade política dos indivíduos,* que estaria estribada em projetos comunitários, capazes de recuperar a imagem e a consistência da Democracia e da identidade cidadã. Essa nova versão societária se constituiria, *no plano laboral,* de trabalhos ecológicos, turísticos, de lazer, assistenciais, culturais etc. Neles, não haveria enquadramento pelo, nem submissão ao Estado; nem a execução se veria constrangida a limites territoriais restritos (isto é, nacionais), ainda que, preferentemente, se desdobrariam em espaços locais. Esse obrar múltiplo — no qual não se estaria atendendo ao comando de um empreendedor animado pelo objetivo do lucro — denominar-se-ia de *trabalho cívico* e sendo variante inovadora — para alguns, ideal; para outros,

(13) Podemos reconocer todo esto en el hecho de que las possibilidades de negar el riesgo aumentan, orientandóse hacia lo seguro, quando se afirma la imposibilidad de un daño futuro, o bien en dirección al peligro cuando se pone en tela de juicio la calculidade del daño con base en una decisión. *Id.*, *ib*, p. 60.

fantasiosa — não se constituiria em estímulo a confrontos, gerando apenas uma peculiar e nova "fricção de classes" entre trabalhadores convencionais e cívicos.

Há os que simplificando, ingenuamente, a criação de uma *sociedade cívica pós-nacional* entendem-na, em sua utópica (?) concretização, um quase ato de mera vontade; expressão, na prática, da exclusiva espontaneidade coletiva. No mundo laboral, traduzir-se-ia pelo direito ao trabalho descontínuo, a novas formas de salário, à migração laboral virtual etc. Essa organização — que obviamente teria ainda de formar sua ossatura política — haveria de nascer no bojo das mutações que ora se processam no universo sócio-econômico-cultural e padeceria de precária perspectiva de efetivação, posto que, originariamente, desconsideraria — ou, pelo menos, desvalorizaria — o forte sentido (sentimento ou tendência) competitiva do ser humano. Basear-se-ia numa cooperação solidária, que encanta pelo fraterno não interesseiro, mas alimenta a óbvia descrença pela dificuldade de ver o homem despido, total e abruptamente, de sua vocação e interesse pelo *ter*.

Em contraposição, haveria os precocemente nostálgicos (saudosos do que *ainda* existe), crendo na preservação perpétua da *sociedade* de *pleno emprego*, nos moldes que ela aspirou (e nunca chegou a) ser. A corrente depara-se com indagações específicas para seu modelo: como assegurar que o crescimento econômico — pedra angular da proposta — e o tecnológico — inerente à dinâmica econômico-criativa dos tempos atuais — irão gerar empregos (ocupações) para os cidadãos, ante a realidade crescente e não-humana da automação? Como impedir que, ante a globalização, a força do capital financeiro e sua agilidade não estimulem a concentração ainda mais progressiva da riqueza nos países do 1º Mundo? Como não prever que a ameaça-realidade do desemprego crescente (contraditório e perigoso risco por que passaria a sociedade de pleno emprego neste novo e tecnológico contexto), somado à agudização do desnível entre riqueza e pobreza, desenhe a iminência de choque entre os numerosos migrantes pobres do Sul e os ricos protegidos (e protecionistas) do Norte? Como poderia comportar-se, diante dessas alternativas questionáveis (sociedade *cívica pós-nacional;* quimérica; e de *pleno emprego*, de irrealismo nostálgico), a Justiça Global?

Segundo *Ulrich Beck*, a antítese da sociedade laboral não seria nem a sociedade do trabalho livre nem a do ócio, posto que ambas seriam mensuráveis — positiva ou negativamente — pelo mesmo referencial, o *trabalho*. O valor deste continuaria sendo, no exame que delas se faria, o termômetro de aferição dos comportamentos e objetivos do grupo social.

A forma oposta à laboral seria, para ele, a *sociedade da cidadania,* politicamente autônoma, tendo por cultura básica a do "faça você mesmo" *(do it yourself).* Seria a projeção do organizar-se (ou reorganizar-se) uma forma de convivência que guardaria analogia com a visão sublime que se tem do idealizado paraíso: sem confrontos e movido por sadios — e não exclusivos, mas grupais — interesses que objetivariam atender e responder à qualidade de vida, no que ela tem, predominantemente, de sentido, e não de amealhar patrimônio, de reserva material.

De qualquer maneira, não se recomendaria analisar e tentar entender o *presente*, em transição, da sociedade *laboral*, fragmentada e globalizada a um tempo só, sem cenários futuros possíveis; enfim, despido de versões passíveis de serem imaginadas. Antever, com metodologia científica, o futuro, com tendências e dados atuais, faz-se problemático mas, no caso, não só recomendável, como também necessário.

Uma mudança previsível na sociedade laboral pressuporia novos marcos conceituais que acompanhariam as alterações concretas de comportamentos e relações. Seria — e, talvez, deverá ser — a maneira recomendável de não se perder, *a priori*, a desejada imagem das novas realidades a ser construídas. Destarte, buscar-se-ia elaborar um ensaio de projeto, simultaneamente "*visionário* e não fictício"; *aquele*, porque se proporia, ante a tese de autoperpetuação da sociedade laboral, a contraditá-la com a fórmula da sociedade pós-laboral de feitio solidário, transnacional politicamente e embasada no ideal comunitarista prevalente sobre o competitivo, tão costumeiro quanto — do que tem parecido e aparecido — instintivo; o *outro* (não-fictício) porque se arquiteta, mesmo projetando resultados inovadores e surpreendentes (para outros, paradoxais e até inviáveis ou inatingíveis), a partir de dados, modelos e conceitos não só *atuais* como *reais*. O que pareceria antinomia é um exercício de antevisão que se tentaria conseguir, num momento em que pareceria esgotar-se um sistema, que teimaria em sobreviver, e esforçar-se-ia por firmar-se um sucessor, que tem dificuldade em provar, antecipadamente, a sua viabilidade prática de criar-se e, topicamente, tal ocorrendo, conseguir manter-se.

CAPÍTULO III

O FATOR TRABALHO: VERSÕES E VISÕES

10. O FATOR TRABALHO NO ENIGMA DA "NOVA SOCIEDADE"

O que se fez — e ainda se faz — evidente, na sociedade moderna[1], chegando aos umbrais da contemporânea, foi a incontestável condição de *todo poderoso*, reconhecida e proclamada, do *fator trabalho*. Não se há de duvidar que uma *sociedade*, nos últimos quinhentos a setecentos anos da História da Humanidade, *sem trabalho* seria uma formação gregária — primitivo e anárquico agrupamento, desprovido de perfil e de conteúdo — *sem* referência; marujo que perdeu (ou nunca teve) bússola e que navega do porto desconhecido para o destino ignorado.[2]

A inexistência de *trabalho*, especialmente depois de ter sido — e ainda ser — elemento identificador da mobilização social produtiva, criaria, para essa "nova sociedade", o risco de ter de fazer frente ao vácuo da inação e de possíveis (para uns) e prováveis (para outros) danos de convivência que disso decorreria.

Predisposta a aceitar uma estrutura entretecida de vínculos pessoais, familiares, profissionais, que se disseminam pelo político, refletem no social, influenciam e são influenciados pelo cultural, a sociedade — e os cidadãos, seus integrantes — a identificar-se é

(1) Uma nova civilização está emergindo em nossas vidas. (...) essa nova civilização traz consigo novos estilos de família; novos modos de trabalhar, amar e viver; uma nova economia; novos conflitos políticos e, em última análise, também uma profunda alteração da consciência do homem. Fragmentos dessa nova civilização já existem hoje. Milhões de homens já estão ordenando sua vida pelos ritmos de amanhã. Outros, aterrorizados com o futuro, se desesperam e futilmente refugiam-se no passado, procurando restaurar aquele velho mundo que lhes dá segurança. TOFFLER, Alvin. *A terceira onda*. Tradução de João Távora. 19ª ed., Rio de Janeiro: Record, 1993, p. 206.

(2) O trabalho permanece como referência dominante não somente economicamente mas também psicologicamente, culturalmente e simbolicamente, fato que se comprova pelas reações daqueles que não o têm (CASTEL, Robert, 1998).

levada, particularmente no econômico, pelo fator *trabalho*, vendo-se obrigada a resolver o enigma (decifra-me ou devoro-te) de sua transformação, que poderá ser a radical transfiguração ou o não-deformante, mas profundo, ajuste de adequação.

11. TRABALHO E LIBERDADE NA SUA VALORAÇÃO PELA SOCIEDADE: DA PÓLIS À REVOLUÇÃO INDUSTRIAL

Três modelos seriam referenciais na evolução histórica combinada de Trabalho e Liberdade. Originalmente, a *polis grega*, na qual o trabalho, como esforço físico, excluía seu exercente do rol de titulares da cidadania plena. Não se lhe conferia nem valor intrínseco, nem destaque social. A expressão criativa intelectual ou a manifestação artística qualificava os gregos, particularmente os atenienses, dentre os quais, por isso, se destacavam filósofos e políticos. O cultivar o belo e aprofundar o conceitual eram apanágios do cidadão que completaria tais atributos com a arte do poder, isto é, a política.

Ao período helênico, e como época posterior marcante no enfoque laboral — saltando sobre o marasmo medieval e mesmo sobre as estruturadas corporações de ofício — sucede a *democracia* (?) *laboral da 1ª Modernidade*, onde o Trabalho (atividade produtiva) é valor nuclear integrador; onde não se distingue mais — ou, pelo menos, não se estabelecem distâncias — entre *labor-opus (labor-work),* enfim, entre o tradicionalmente manual e o de prevalência intelectual. A separação foi, paulatina e progressivamente esmaecendo, na medida em que se deixa de valorizar a divisão entre tarefas úteis e necessárias, como se gizava *a priori*.

A modernidade, na sua versão laboral, institucionaliza o vínculo obrigacional de dependência, via contratual, e, por conseqüência, consagra a remuneração compensatória pelo trabalho realizado (o mesmo que, antes, na polis, excluía seu exercente do convívio com os melhores). A modelagem consolida-se sob a égide da Revolução Francesa, da Reforma Religiosa, dos primeiros tijolos do que seria o alicerce da arquitetada Democracia Pública e de conceitos inovadores de Economia Política.

Era o alvorecer da que viria a ser a duradoura Sociedade Industrial, ou, como queria *Saint-Simon*, a “sociedade diligente”. Ao consagrar-se (sem, com isso, bem protegê-lo) o *trabalhador*, demonizou-se o indivíduo *ocioso* (que, se intelectual sensível, entre os gregos, fora glorificado), defendendo-se e justificando-se a teoria e a prática do crescimento econômico. Fizeram-se respeitados ditos como os de *São Jerônimo:* “Trabalha para que o diabo te encontre sempre ocupado e não te possa induzir ao pecado”.

Tal evolução conceitual e contextual assegura a vitória dos fundamentos da *moral burguesa*, não significando, no entanto, que a efervescente dinâmica de sua implantação tenha assegurado sua metamorfose em sociedade do pleno emprego. Em 1800, dois terços do potencial laboral (empregável), apesar da significação prática do trabalho, ainda assim considerada como "subclasse", não tinha *ganhos* regulares. Sua atividade era esporádica. Os tidos, à época, como *diaristas*, passavam largos período sem obter remuneração e uma quinta parte da população laboral mendigava, ou, na vicissitude da miséria absoluta, delinqüia (furtava).

Na polis grega, a liberdade se definia em relação ao trabalho; isto é, quem tinha de trabalhar (costumeira, subordinada e não criativamente) não era livre, nem sequer membro da elitista (ainda que tenha passado para a História como democrática) sociedade da "idade de ouro" de Péricles (300.000 escravos para que pudesse existir um contingente de 40.000 homens livres); logo, a liberdade de alguns minoritários se erguia sobre a falta de liberdade da maioria dos indivíduos.

Na Sociedade Industrial não se aceita, formalmente, o escravo, mas se convive com o ganho irrisório, que miserabiliza e também submete. Não mais o predomínio irrefutável do político e do artista mas a ascensão, economicamente progressiva, do "patrão"; do que, empreendendo, gera postos de trabalho, ocupações, perspectivas de ganho para levas de rurícolas despreparados e esperançosos que, chegando aos incipientes bairros fabris (gênese das favelas atuais) transformavam-se em proletários.

Mesmo com sua precariedade para atender, com dignidade, a demanda — à época, muito limitada — do trabalhador, a remuneração (e a sua causa matriz, o trabalho subordinado, que a justificava) foi instrumento decisivo para minimizar a miséria e religar os indivíduos à ordem social.

A Sociedade do Trabalho tipifica-se, pois, desde sua constituição, como a Sociedade da Ordem. Quanto mais trabalho (e nele exigindo-se organização, hierarquia e disciplina), menos desordem ocorrerá, limitados e/ou evitados (?) os crimes e a violência *latu sensu*. É o momento em que o *jus imperium* eleva-se a padrões quase ilimitados e o *jus gestionis*, dele decorrente, dá ao patrão, na administração da vida íntima da empresa, um poder absoluto, regrando a relação de emprego.

Enraiza-se, por decorrência, a idéia de que o homem ganha sua identidade e, mesmo, conforma — ou confirma — sua personalidade, só pelo *Trabalho*, por ele exercido. Justifica-se e alardeiase, dogmaticamente, a maldição bíblica: "só come quem trabalha" e recorda-se que o "pão terá de ser ganho com o suor (laboral) do rosto". Na prática, ganha foros de verdade inquestionável — pelos conceitos repetidos e pela prática vivida — a idéia de que só quem trabalha, é *pessoa*.

Simultaneamente, porém, o regime instituído, o *salariado*, separando, com fronteiras bem definidas, a *ocupação*, genérica por si, *do emprego*, definido e específico, mostrava já suas primeiras e flagrantes deficiências. As fábricas — mesmo numerosas — atraíam levas de aspirantes ao trabalho — que se dizia inovador e miraculoso — por elas proporcionado.(3) A migração descontrolada de rurícolas gerou um excedente de oferta, que aviltou o trabalho e o trabalhador, diminuindo-lhe o ganho e submetendo-o a jornadas intermináveis e insalubres. O galpão da fábrica foi abrigo e calvário; coesão solidária e palco de confrontos. Ensejou e testemunhou as primeiras vítimas do trabalho e a força associativa e autoprotetiva dos infortunados, criando as mutualidades. Mais que isso, para os que passaram pelo e voltaram depois do portão fabril da ocupação, ensinou, com a triste lição da experiência amarga, o significado do novo drama que, então, se criava, no cenário das relações econômico-sociais: o *desemprego*. O consagrar de seu irmão bondoso (Abel, o emprego) permitiu, ante sua falta, o aparecimento do malévolo (Caim, o desemprego). Juridicamente, antinomias de origem comum, tiveram simultaneidade de consagração conceitual.

A *enfermidade social* agravou-se e conviviam uma minoria, com posto fixo, e uma *maioria, resignada com a pobreza* — ambulantes, temporários, mendigos — porque, formada de crentes, como quase todos à época, acreditando que miséria "viria do céu", para expiar seus pecados e, no futuro, conduzi-los às benesses do paraíso.

Apesar disso, é na Idade Moderna que nasce a nova Democracia (ou se vem a semear a Democracia contemporânea), vinculada a ideais da Revolução Francesa (o individualismo, o contratualismo, o igualitarismo formal, a fraternidade apenas proclamada), identificada, na sua vivência quotidiana, como a Democracia do Trabalho. Há, na época, uma aceitação societária de que só será *cidadão* quem for *trabalhador*, maneira usual pela qual alguém seria capaz de produzir

---

(3) "Uma sociedade salarial não é apenas aquela em que a maioria da população trabalhadora é assalariada, ainda que isso seja verdade. "(...) é sobretudo uma sociedade na qual a maioria dos sujeitos sociais têm sua inserção social relacionada ao lugar que ocupam no salariado, ou seja, não somente sua renda mas, também, seu *status*, sua proteção, sua identidade. (...) a sociedade salarial inventou um novo tipo de seguridade ligada ao trabalho, e não somente à propriedade, ao patrimônio" (CASTEL, 1997 *b*, p. 169).

e ser remunerado; com isso, se estaria dando conteúdo e consistência ao direito de ser livre. A liberdade, para plenificar-se, teria de rechear-se de um núcleo laboral produtivo. Tal construção doutrinária, tanto se podia aplicar à pessoa — isoladamente considerada — quanto ao conjunto delas — a cidadania — com o que se rotularia e ultimaria a imagem e a viabilização da *liberdade política,* coração energético da democracia.

12. O TRABALHO: CONCEITUAÇÕES E ENFOQUES

O trabalho, símbolo desses novos tempos, tinha — e teve — diferentes valorações, ante distintos parâmetros políticos, filosóficos e religiosos[(4)]. *Para os liberais*, deveria ser entendido como destacado elemento na mercadológica e acirrada disputa mercantil; *para Marx*, tratava-se sempre da expressão do acionar produtivo do empregado (ou do trabalhador), manipulado pelo capital, a fim de, com ele, gerar e beneficiar-se de mais valia (cria o filósofo alemão que, conscientizado, pelo dano sofrido, o operário prejudicado, rebelar-se-ia para atingir, via luta de classes, a vitória redentora, na Grande Revolução); *para Taylor*, o trabalho era prática uniforme, repetida e especializada que ensejava, na produção em massa, resultados úteis e produtivos; para *Lafavgne*, admirador do tempo livre, seria um "mal" que deveria ser reduzido ao mínimo. *Para os católicos*, em tempos de *Rerum Novarum*, era "sentença condenatória" (obviamente, para os trabalhadores), já que se originaria da imposição, por um número mínimo de ricos, a uma multidão de proletários:"jugo que é quase servidão". Aduziria, no entanto, complementarmente: "mas tal desigualdade não justifica conflito, a ser evitado de qualquer maneira". *Leão XIII*, nessa Encíclica, e já vivenciando os estragos sócio-econômico-familiares provocados pela tempestade criativa, que foi a Revolução Industrial, atacava tanto liberais quanto comunistas, concluindo, porém, que a "propriedade individual é direito natural, logo divino". A Encíclica, que marcou a preocupação do Catolicismo com o drama social e a larga crise que se alastrava, lançando as bases do que viria a ser a Doutrina Social da Igreja (solidarismo), enfatizava que não poderia haver *capital* sem *trabalho*, nem *trabalho* sem *capital*; no entanto, conclusivamente, dava seu recado maior: o de alcançar-se e consolidar-se a paz social, obstaculizando-se e rejeitando-se a luta de classes.

---

(4) "O trabalho é, pela sua natureza, uma maldição bíblica. Desenvolve-se em lugares indecentemente feios, onde uma pessoa deve passar muito tempo, gastando muita energia, com rituais inúteis.... Será que a mitologia do horário, do controle e da hierarquia é realmente produtiva?" (*Domenico de Masi*, em *O Estado de São Paulo*, 30 de maio de 1999), *in* DE MASI, Domenico. *Desenvolvimento sem Trabalho*. Editora Esfera, São Paulo, 1999.

João Paulo II, o Papa de nosso tempo, clérigo e estadista, na *Centesimus Annus*, Encíclica com a qual homenageou e resgatou a lição de *Leão XIII*, seguindo-a nos lineamentos básicos e aperfeiçoando-a, até o limite de não correr o risco de desnaturá-la, ataca, simultaneamente, marxismo e consumismo (este último simbolizado na sociedade mercantil estadunidense). Recorda que a "Caridade deve ser exercida pelos ricos, e a paciência, pelos pobres", numa divisão de encargos e exigências que, mau grado o aparente equilíbrio, não parece pautar-se rigorosamente pela equivalência.

13. O PERÍODO DA INDUSTRIALIZAÇÃO E SUAS LEIS:

a) Estandartização;

b) Especialização;

c) Sincronização;

d) Maximização;

e) Centralização.

O período da industrialização — momento prevalente da modernidade produtiva — fez-se marcar por determinadas características que, repetidas, receberam a titulação de "verdadeiras leis", ainda que informais, tal sua persistência e uniformidade. Ei-las, entre outras menos significativas:

a) *Estandartização:* verificou-se, no iniciar do ciclo, que — passando a dispor-se de máquinas — se tornaria *mais lucrativo* do que, por trabalhoso e criativo, fabricar 100 (cem) cadeiras diferentes, *fazê-las todas iguais*, por maior rapidez e menor custo. Compreendeu-se, desde logo, ao acolher-se a estandartização produtiva, que seria necessário — para que ela vingasse — trabalhar para fazer padronizado (ao menos similar) também o gosto dos consumidores potenciais. Costumeiramente, recorda-se que, à época das carruagens, eram todas elas diferentes, enquanto, com *Ford*, seu popularizado e pioneiro modelo "T", sempre preto, fez-se, propositadamente, matriz de um larga e igualitária série. Perdia-se o encanto da originalidade. Ganhava-se a compensação material da menor despesa;

b) *Especialização:* o emprego das máquinas, a redução do gênio criativo e individualizante, substituído pela monotonia do instrumental repetitivo, fizeram com que os operários fabris (nova espécie do gênero trabalhadores) passassem a ser um equipamento humano de repetição, 'acoplado' à ferramenta mecânica. *Taylor* teorizou tal prática, destacando a importância (e estabelecendo estratégias) de se bem fazer a rotina monocórdica. Repetia-se, na linha de montagem (outra criatura da Revolução Industrial), milhares de vezes o mesmo gesto. Só assim, pela reiteração, chegava-se à eficácia desejada, como mostra, crítica e genialmente, Charles Chaplin, em "Tempos Modernos". O homem imitando, sem saber, a futura postura do robô, que imitaria o homem.

Na fábrica, quem apertava parafusos, só apertava parafusos e, preferivelmente, sem saber o porquê e para que, posto que assim, menos reflexivo, seria inteiramente maquinal e, numericamente, mais produtivo porque não distraído.

A modelagem da especialização — originariamente *funcional e humana* — alargou-se e abarcou a divisão pré-orientada dos *espaços*. Dentro das empresas (fábricas), criavam-se setores, que se restringiam a uma tarefa (armazenagem, contábil etc. etc.). Fora delas, na vida societária, dividiram-se as cidades por especificações funcionais: distrito industrial, bairro residencial que, na continuidade, iriam influir na localização da rede de saúde, da estrutura de ensino, do sistema de transportes etc. Cada ato, cada coisa, cada empreendimento a seu tempo, em seu lugar, com seus iguais ou similares. Essa passaria a ser a regra que, se valia pela funcionalidade, desestimulava pelo igualitarismo monótono;[(5)]

c) *Sincronização:* as pessoas, na fábrica, passavam a atuar cronologicamente orientadas: "x" fazia a sua tarefa imediatamente após a de "y" e com "n" segundos de intervalo programado. Se não o fizesse, interromperia a cadeia produtiva e geraria descompasso na ordem automatizada a que todos se submetiam, como dogma da industrialização exitosa. A sistemática de ritmadas e sucessivas operações interligadas, iniciativa da Revolução Industrial, também transcendeu os limites de seu centro criador, a fábrica. Na visão societária, estabeleceu-se uma harmonização horária padronizante: o horário das escolas, os turnos fabris, o funcionamento do comércio, tudo, enfim, guardava analogia e fazia com que se desenhasse uma simetria sincronizada no vai-e-vem da população. Durante o apogeu da Revolução Industrial, as pessoas saiam de casa e para ela voltavam em horários absolutamente programados e coincidentes, situação

(5) Disso há discordância ao dizer-se que "... a especialização das tarefas é uma característica de todas as sociedades complexas e não um traço particular das sociedades industrializadas ou economicamente evoluídas." ... MARGLIN, Stephen. "Origem e funções do parcelamento das tarefas — Para que servem os patrões?" *In:* GORZ, André. *Crítica da Divisão do Trabalho*, Tradução de Estela dos Santos Abreu, São Paulo: Martins Fontes, 2001, p. 43.

que, hoje, por nova mentalidade e antiga necessidade, começa a não ser tão uniforme. A nova ordem, propositadamente não muito ordenada, é característica da mudança em claro processo;

d) *Maximização:* a partir da tese de que a eficiência é resultado da divisão do produzido pelo tempo de trabalho para ele usado, maximizam-se resultados quando o P (de produção) sobre o H (de tempo) provoca números crescentes; teoricamente, a maximização chegaria a um máximo, tão expressivo quanto inquantificável no seu valor real, quando a carga horária para produzir fosse igual a 0 (zero); como ensinava *Aristóteles*, na sua visão cósmica e premonitora de tempo ideal: "quando os teares se moverem sozinhos, sem auxílio de qualquer escravo".

Disso se concluiu que, na Revolução Industrial, o fator principal era o *tempo*, enquanto o predominante, na pós-industrial, será o espaço (*vide* teletrabalho). Na proposta da maximização, viabilizou-se, ao lado da automatização[(6)] e da imediatidade, a *concentração*, compactando empresas, para reduzir custos operacionais (supressão de comandos intermediários, diretores setoriais etc.).

A celeridade produtiva, por meio da imediatidade de ação e reação funcionais, insere-se nos objetivos da maximização. Produzi-la foi tarefa que decorreu, prioritariamente, do uso da maquinaria mas também se consolidou pelo esforço de padronização, especialização e sincronização com que se viram "automatizados", os trabalhadores;

e) *Centralização:* a Revolução Industrial projetou a empresa na forma de pirâmide, com comando absoluto — quase despótico — do afilado vértice. No século XIX, as empresas, em média, na Europa, estavam constituídas de um conjunto de 96% de operários para um grupo diretivo de 4% de trabalhadores não-manuais; já no período de apogeu das fórmulas tayloristas e do surgimento da produção fordista, altera-se o paradigma (final do século XIX até pré-2ª Guerra Mundial) para uma distribuição percentual de 85% de operariado e 15% de atividades não-manuais; hoje, nas grandes corporações do 1º Mundo, de perfil marcadamente tecnológico — IBM, por exemplo — para um minoritário grupo de 6% de operários, na sua versão tradicional, contrapõem-se 94% do pessoal que se poderia classificar como criativo, intelectual.

(6) Com o desenvolvimento da automatização "... reproduz-se um movimento (...) a saber, a desqualificação de certas tarefas superqualificadas nascidas no momento anterior da desqualificação — superqualificação do trabalho. Trata-se assim, principalmente do trabalho de manutenção e do trabalho de fabricação das máquinas-ferramentas." (FREYSSENET, 1989, p. 78).

A empresa centralizadora — ainda hoje, em termos universais, modelo quiçá predominante — desfrutava da vantagem de que a produção tinha destino praticamente assegurado de comercialização, posto que se vivia época em que a procura, como regra, superava a oferta. Tinha-se, pois, uma empresa especializada, disciplinada, de produção padronizada, trabalhando com um mercado, pelo conhecimento, limitado, bastante cativo; empresa ordenada, sob comando rigoroso de um vértice piramidal distante da base, vivendo em segurança, pelo ritmo de gestão equilibrado, fruto de uma vida sem atropelo de mutações. Enfim, maximização, sincronização, centralização etc. significavam *racionalização* e continuidade (quem sabe, continuísmo ...).

A fábrica, versão mecânica e produtiva, da sociedade dos enciclopedistas, da democracia do igualitarismo formal e ilimitado contratualismo jurídico, afastou de sua convivência tudo que não fosse *racional*. Valores e conceitos originários da Ética e da Estética foram marginalizados e até mesmo depreciados, em nome de um mundo de outros, predominantes e dominadores, extraídos do exclusivo universo *masculino*. A sociedade tinha como seu núcleo aglutinador a empresa (a fábrica) e nela havia um sujeito, titular e valioso, o homem, impondo despoticamente seus valores.

14. EXPERIÊNCIA COOPERATIVA: VAGIDOS DO PÓS-INDUSTRIAL

Depois da polis grega e da Sociedade do Trabalho (ainda predominante), uma terceira etapa — pós-industrial — começaria a delinear-se. Seus primeiros indícios são denotados no início do Século XX — em pleno apogeu da era industrial — ao surgir em Viena a Wiener Wekstatte, liderada por *Klient* e *Schiele*. Cooperativa de trabalho e de trabalhadores, como, até então, não se conhecia, gerou sucedâneos e assimilados em vários países da Europa e, religiosamente, ao afinar-se com a Doutrina Social da Igreja, estimulou, inclusive na América (particularmente, Brasil), a fundação e atuação de Círculos Operários.

Sua característica foi o ecletismo de sua produção. Todos os cooperados — sem desnível de hierarquia e longe do autoritarismo patronal — faziam de tudo. Não se cultivava nem valorizava a especialização do trabalhador, nem se padronizava a produção. A Wiener Werkstatte, por exemplo, mesclando a atividade dos cooperados, produzia talheres, móveis, cartões postais, material de construção etc. Tudo isso simultaneamente. Nela não se buscava a uniformização do produzido, nem o atendimento de mercado cativo voltado a um produto (ou a uma linha específica: só móveis, p. ex.); nem tampouco se estruturava a instituição produtiva (cooperativa, e não empresa) no modelo da Centralização.

Em razão de sua filosofia inspiradora, organizava-se horizontalmente, sem os distantes, restritos e poderosos vértices piramidais, tão imperativos com relação à esparramada e frágil base. Na Cooperativa(7), porque sociedade *de trabalho*, como objetivo, e *de pessoas,* como sujeitos, não há intuito do lucro individual mas do retorno material, fruto do agir solidário. Variante das alternativas que tentaram — e ainda, com menos dogmatismo, tentam — limitar as opções a um fanático maniqueísmo (estatismo ou capitalismo), o Cooperativismo(8) foi, e ainda é, opção que, destacando o signifi-

---

(7) O *Dicionário Eletrônico do Século XXI*, de *Aurélio Buarque de Holanda* conceitua "cooperativa" como sendo "sociedade ou empresa constituída por membros de determinado grupo econômico ou social, e que objetiva desempenhar, em benefício comum, determinada atividade econômica".

Para *Plácido e Silva*, em *Vocabulário Jurídico*, cooperativa é " derivado do latim *cooperativus*, de *cooperari* (cooperar, colaborar, trabalhar com outros). Segundo o próprio sentido etimológico, é aplicado na terminologia para designar a organização ou sociedade, constituída por várias pessoas, visando a melhorar as condições econômicas de seus associados".

O conceito legal de cooperativa estabelecido no art. 4º da Lei n. 5.764/71 proclama que: "as cooperativas são sociedades de pessoas, com forma e natureza jurídica próprias, de natureza civil, não sujeitas a falência, constituídas para prestar serviços aos associados...".

A Recomendação n. 193 da OIT, definiu cooperativa como "associação autônoma de pessoas que se unem voluntariamente para atender a suas necessidades e aspirações comuns, econômicas, sociais e culturais, por meio de empreendimento de propriedade comum e gestão democrática".

(8) Vantagens das Cooperativas

A) Econômicas:

a) As cooperativas fomentam a poupança e orientam a qualidade dos artigos e serviços, nas cooperativas de distribuição;

b) Produzem rendas maiores e regularizadas nas cooperativas de produção, de produtores e de prestação de serviços;

c) Realizam a promoção econômica e a elevação geral do nível de vida dos associados e da própria comunidade na qual a cooperativa singular está inserida;

d) São instrumentos eficazes contra a intermediação supérflua, os monopólios e outras manifestações especulativas;

e) São a solução gradual e pacífica dos conflitos econômicos;

f) Atenuam os inconvenientes ou os desvios dos sistemas econômicos vigentes, em especial os do capitalismo;

g) Situam-se entre os mais eficientes instrumentos de distribuição social e regional da renda;

cado do trabalho, associa pessoas para empreender. Na sua proposta inicial, identificou-se uma ressureição do artesanato renascentista — ou mesmo medieval — em escala maior, e sem o hermetismo produtivo e institucional das corporações do ofício, com as quais, por certos traços fisionômicos, não pôde negar parentesco, ainda que não próximo.

15. O TEMOR E A SEDUÇÃO DO NOVO: NATUREZA SUBMETIDA OU RESPEITADA

Essa alteração inicial, em um quadro que se mostrava (e ainda perdura) forte, esteve ligado também, nas primeiras décadas do Século XX, a inovações múltiplas e profundas, ocorridas em distintos setores. Foi quando *Sigmund Freud* começou a fazer a cabeça das pessoas, inclusive com a interpretação dos sonhos; *Picasso*, ao alterar a concepção básica da pintura, com o cubismo, acompanhando, cronologicamente, *Le Corbusier* que formulava novas modelagens e conceitos de construção civil; *Lubacenski* punha em cheque o que parecera imutável, na geometria euclidiana, enquanto *James Joyce*, com "Ulisses", propunha a obra literária aberta; *Fermi* mudava caminhos da engenharia civil e militar, bem como da biotecnologia com a fissão do átomo que, na prática, daria o ponto de partida à era nuclear, conduzindo a nova sociedade, via tecnologia, ao início da biologia molecular. Esta se fez concreta e impulsionou o mundo a novas certezas, crenças e expectativas, conquistas e aspirações, com *Watson* e *Crick* descobrindo e reproduzindo a estrutura do DNA.

---

h) São importantes reguladoras de preços no mercado: nos casos das cooperativas de consumo, pressionam em prol dos preços descendentes, beneficiando o consumidor em geral; no caso de cooperativa de produtores, pressionam em prol dos melhores preços que beneficiem o produtor em geral.

B) Sociais, Educativas e Morais:

a) Promovem a humanização da economia;

b) Fomentam a democratização da economia e o avanço da própria democracia política, na medida em que pretendem fazer vigorar a democracia no complexo e contraditório campo da economia e do mundo empresarial. Por isso estão criando as condições para uma participação madura na democracia política e social;

c) Promovem a difusão da consciência e do trabalho solidário;

d) Preservam a autonomia, a dignidade pessoal e a liberdade individual dentro de uma ação comum;

e) Fomentam a vigência de elevadas normas éticas, sobretudo num contexto tão pleno de tensões e de luta por interesses, quanto é o econômico;

f) Aperfeiçoam a educação popular, através do estímulo ao esforço próprio e à ajuda mútua, segundo DRIMER, 1981, p. 32-38.

Esse seqüenciamento de mudanças, descobertas e invenções, estimulando alterações comportamentais, gerou dois tipos de reação: euforia o temor. Este último, compreensível, posto que há uma inercial e comodista rejeição à mudança, estimulada, muitas vezes, pelo medo do desconhecido, subproduto da inovação. Foi, assim, que se condenou *Galileu*, agrediu-se *Copérnico* e se acreditou que *Thomaz Edison*, com sua lâmpada, era um sacrílego ou, quem sabe, apenas um charlatão.

Em certas circunstâncias, porém, a inovação, delineando-se e apenas prometendo suas primeiras novidades, encantou e conquistou os seduzidos do novo pelo novo, facilmente tomados da crença de que não importa muito saber o porquê e/ou por quem, mas o que importa é trocar.

As mudanças, inquietantes, animadoras ou assustadoras, passaram a, paulatinamente, compor a vida rotineira da sociedade, ainda industrial. E quanto mais o indagar científico — movido pela curiosidade inesgotável do saber — aproximava-se das interrogações da vida (sua origem, seu destino etc.) e do homem, seu mais valioso — para nós, pelo menos — titular, mais desafiadores se tornaram os questionamentos e mais questionáveis as respostas. Ao descobrir-se, por exemplo, que "até o amor", que é emoção, depende de e produz *reações químicas*, quantificáveis nas equações de laboratório, ascéticas e desprovidas da força arrebatadora da paixão, não há como negar a perda de certa fantasia do que se acreditava forte mas incorpóreo; e profundamente superior, porque cercado de um sagrado mistério que se investigava, sem querer descobrir.

Esses fatos confirmariam que a História da Humanidade, em boa parte, seria o relato e o produto das tentativas mais, ou menos, exitosas do homem para ditar um autônomo destino e intervir na Natureza para domá-la, colonizando-a a serviço de seus interesses (altruístas ou egoístas), como no caso do pára-raios, da represa, da chuva artificial etc.

Essa vocação humana em apropriar-se dos bens naturais, para submetê-los a seus intentos e instintos, choca-se com a filosofia dos que vêem na ordem natural algo insuscetível de ser alterado. A agressividade pragmática de uns, confrontando-se com o imobilismo conservador de outros, será o centro do próprio processo continuado e conflitivo de transformações societárias. A Revolução Industrial tratou a natureza, e seu acervo, como sua subordinada: fê-la matéria-prima de seus projetos (quando a utilizava como tal) ou, julgando necessário, pela primazia que emprestava ao empreendimento econômico, simplesmente a destruía para não obstaculizá-lo.

Esse proceder, se permitiu óbvias e úteis realizações concretas (pontes, barragens, estradas, fábricas de porte etc.), em muitos casos trouxe consigo riscos e perigos, decorrentes do degelo, da poluição atmosférica por emissão de gases tóxicos etc., frutos do desregrado confronto com o meio ambiente. No segundo quartel do século XX inicia-se uma alteração progressiva de comportamento de segmentos da sociedade, conscientizados e conscientizando os demais, sobre a importância e a conveniência de preservar-se o equilíbrio ecológico, tema que jamais constara dos manuais de princípios, nem de módulos operativos da Revolução Industrial.

A relação homem/natureza, sociedade/meio ambiente, por sua profunda e continuada mutação, é um dos indicadores mais expressivos do processo de transição de um modelo de sociedade (que ainda persiste, mesmo em declínio) para outro (que se está implantando, mas ainda não se consolidou).

A preocupação crescente com a qualidade de vida; com a idéia de que se vive uma só vez e há de se buscar, prioritariamente, viver bem; com a coparticipação da preservação moderada do ambiental como cenário e apoio desse bem viver; com o acréscimo do tempo livre, inclusive pelo aumentar da longevidade, e, conseqüentemente, da perspectiva de um maior desfrute do ecossistema saudável, tudo isso, enfim, moderada, equilibrada mas progressivamente, faz parte desse cenário de novas tintas em que se está ainda atento ao ter e ao produzir mas já se tem olhos bem abertos para o ser e o sentir.

16. O FAZER E O SABER: "TRABALHO LÍQUIDO" E "TRABALHO CRISTALIZADO"

A Sociedade Laboral[9], marcada pelo fazer, aparenta ter tocado, em certo momento, seu próprio teto, seja no econômico — seu ângulo preferido — seja no tecnológico — seu aspecto de permanente inovação —. Esse fervilhar, de inequívocos resultados numéricos, aponta, no entanto, para um paradoxo. De um lado, o *trabalho*, considerado desde o início da modernidade, o eixo da sociedade, posto que tudo e todos dele dependiam; de outro, a febril tecnologia multipli-

(9) "A sociedade do trabalho como conceito ontológico seria uma tautologia, pois, na história até agora transcorrida, a vida social, quaisquer que sejam suas formas modificadas, apenas podia ser uma vida que incluísse o trabalho. Somente as idéias ingênuas do paraíso e do conto do País das Maravilhas fantasiavam uma sociedade sem trabalho". KURZ, Roberto, *in O Colapso da Modernização (Da Derrocada do Socialismo de Caserna à Crise da Economia Mundial)*, São Paulo: Paz e Terra, 1992, p. 26.

cando, continuadamente, o *risco* real de reduzi-lo no — e até de riscá-lo do — mapa sócio-econômico. Mau grado vir embutida, normalmente, na produção, gerando conseqüências similares às do trabalho, a tecnologia, uma vez adotada, implica supressão de postos laborais. Fruto da criatividade, que a insere como catalisadora da produção na vida econômica, não tem pejo — já que, é aética, sem noção do, nem compromisso com o bem ou com o mal — de desumanizar o processo de produção, substituindo, pela máquina, o trabalhador.

Essa equação de incógnitas mínimas e notoriedades máximas e inquietantes, levaria, pelo caminho do radicalismo, à conclusão de que, hoje, qualquer aumento de produtividade decorrerá de supressão do trabalho humano. A tese é *depreciativa* da nossa capacidade de fazer e de criar, *vinculando o crescer do resultado econômico à diminuição nele da participação do homem;* também, por outro lado, *ameaçadora*, posto que desenha uma perspectiva sócio-econômica (laboral) de inutilidade para quem se identificava e era reconhecido como *homo faber*.

Assim como na transição da sociedade *caçadora/coletora*, de perfil marcadamente migrante do indivíduo, para a sociedade *agro/pastoril*, de caráter estático, com estrutura familiar mostrando lineamentos de organização, o homem passa a considerar o solo como recurso (antes pisava nele sem noção de seu significado produtivo: após, vieram plantio da semente e colheita da safra) reconhecendo seu intrínseco valor; assim também, quando se passou da sociedade *agropastoril para a sociedade industrial*, o que jamais fora motivo de interesse e valorização, ganhou destaque e importância: os *resíduos fósseis energéticos* que significaram a fonte do combustível por excelência do período, o petróleo. Depois, num novo momento, o *saber humano*, antes em posição secundária, na época da mais valia da produção quantitativa padronizada, recebe nova e hierarquizada qualificação. Destaca-se o quanto de resultados positivos pode obter-se com sua adequada utilização. Recorde-se que, primeiramente, o homem — para quem todo o trabalho era conceitualmente penoso — tratou de suavizá-lo justamente com a ajuda do saber. Isso mostra a mutação não só dos tempos mas dos conceitos, fazendo com que se passe a ter certeza de que não se deve (e não se pode) ter certeza ...

Sucessivamente, porém, de auxiliar benéfico, *o saber* passa também, a atormentar o homem, ameaçando ocupar seu lugar no espaço laboral, fazendo-lhe as tarefas e suprimindo seu posto. Projeta-se um panorama em que o trabalhador, no amanhã, estará a serviço e sob dependência do saber, que nasce da própria criatividade humana mas que, acabado, ganha vida própria e, sem pecado, porque aético, volta-se contra seu próprio criador, usado pelo interesse de outro homem. Desenha-se, com certa opacidade no horizonte, a imagem surpreendente em que o trabalhador, no futuro, estará a serviço do saber, acúmulo ordenado e pragmático de conhecimentos que o homem põe a serviço da produção, em detrimento da própria utilidade laboral de outro homem. A *relação* entre *trabalho líquido* — que tem forma humana e é pelo homem operacionalizado — e o *cristalizado* — patrimônio operacional de conhecimentos, pelo homem transferido criativamente à máquina e por esta sequenciado e gerido — *inverteu-se*(10) (11). O saber, no seu trânsito do cérebro para a máquina e no emprego por esta, se apodera de novas e numerosas parcelas da criação de valores, apropriando-se de espaços, não só funcionais e/ou laborais, mas, por meio deles, dos genericamente inseridos na sociedade.

Desestimula ver o *ethos* do *trabalho*, que contribuiu para a consolidação vitoriosa do Capitalismo, baseando-se, agora, nas ferramentas ditas "inteligentes", idéia ainda insatisfatória de automatização, para sustentar a nova modelagem da sociedade produtiva. Por outro lado, completando essa *capitis diminutio* (não absoluta mas evidente em muitas situações e em muitos países), vê-se a transferência progressiva de trabalhadores para "tarefas menores" (babá, cuidador de cachorros, teleboy, ascensorista etc.), substitutivas das ocupações tradicionais e sucedâneas (particularmente no 1º Mundo), circunstanciais, visando à constituição de rendas mínimas, resultando em nenhuma produtividade econômica e usadas como barreira frágil contra o desemprego formal.

Ante constatações que não merecem generalizações apressadas (como as fazem pessimistas irremediáveis, antevendo a inutilidade miserável da sociedade laboral no amanhã), há de se reconhecer que, além de um modificar da ordem estrutural do agrupamento

---

(10) "Todo o trabalho é, de um lado, dispêndio de força humana de trabalho, no sentido fisiológico, e, nessa qualidade de trabalho humano igual ou abstrato, cria o valor das mercadorias. MARX, Karl. *O Capital*, Rio de Janeiro: Civilização Brasileira, Livro I, vol. 1, 1971, p. 54.

(11) "De um lado, tem-se o caráter útil do trabalho, relação de intercâmbio entre os homens e a natureza, condição para a produção de *coisas socialmente úteis e necessárias*. É o momento em que se efetiva o trabalho concreto, o trabalho em sua dimensão qualitativa. Deixando de lado o caráter útil do trabalho, sua dimensão concreta, resta-lhe apenas ser dispêndio de força humana produtiva, física ou intelectual, socialmente determinada. Aqui aflora sua dimensão abstrata, onde "desvanecem-se... as diferentes formas de trabalho concreto" e onde "elas não mais se distinguem uma das outras, mas reduzem-se, todas, a uma única espécie de trabalho, o trabalho humano abstrato". (Marx, 1971, p. 45) ANTUNES, Ricardo, ob. cit., p. 84.

humano, a superposição da máquina e do saber nela contido, com relação ao homem, implicam em alterações substantivas dos conceitos morais voltados ao mundo produtivo; entenda-se, também, por óbvia decorrência, que, nesse enfoque, haveria flagrante ostracismo e menor significância do trabalho manual. *Será que um novo modelo mais sensível*, numa proposta societária que se desejaria estivesse alvorecendo, valorizaria a individualidade e o criativo, permitindo que se resgatasse a importância — pelo menos, parcialmente — do *trabalho líquido*, recuperando sua hierarquia sócio-econômica, diante do *trabalho cristalizado?* O tempo dirá ...

CAPÍTULO IV

MUDANÇAS DO (E NO) FAZER E DO (E NO) *HOMO FABER*

17. A MUDANÇA DOS CICLOS

É o tempo começando a falar, evidenciando, particularmente em países do 1º Mundo, que um novo desenho societário se estaria implantando, paulatina mas continuadamente. Tal não permite, no entanto, que se atropele a realidade, negando-se a *permanência de uma civilização industrial,* ainda predominante, seja entre os desenvolvidos, seja entre os emergentes. Ela continua a se sustentar numa enorme massa (milhões deles) de operários, que sobrevivem à invasão das máquinas, mesmo batendo em "heróica retirada", restringindo progressivamente seus antes cativos espaços funcionais. *De Masi*, já antecipando, com mais ênfase de apóstolo do que com a minúcia do cientista, o advento da sociedade *do ócio criativo*, assevera que os assalariados operários, como categoria, estão destinados a desaparecer, a ser expulsos, pois a "maquinaria continuará a substituí-los no trabalho de execução, mesmo quando nele houver forte ingrediente intelectual". Chega o autor italiano contemporâneo a assegurar que o emprego remunerado que *restará* será *só o* intelectualmente *criativo*(1). O prognóstico estaria fundamentado na chamada "equação das alternâncias ocupacionais"; isto é, enquanto o aproveitamento humano na tarefa de execução repetitiva (trabalho não criativo) diminui em progressão geométrica, a ocupação humana em ações criativas — porque mais valiosas e menos numerosas — cresce apenas em progressão aritmética, determi-

(1) "Portanto, a tendência apontada por *Marx* — cuja efetivação plena supõe a ruptura em relação à lógica do capital — deixa evidenciado que, enquanto perdurar o modo de produção capitalista, não se pode concretizar a eliminação do trabalho como fonte criadora de valor, mas, isto sim, uma mudança no interior do processo de trabalho, que decorre do avanço científico e tecnológico e que se configura pelo peso crescente da dimensão mais qualificada do trabalho, pela intelectualização do trabalho social". ANTUNES, Ricardo, *op. cit.*, p. 50.

nando o *gap* laboral da contemporaneidade. Defrontamo-nos com um diuturno saldo negativo ocupacional, posto que a eletro-eletrônica, a informática, a bio-tecnologia, as telecomunicações, seus derivados e afluentes, múltiplos e crescentes, não sustentam o frágil equilíbrio numérico que se vinha, precariamente, mantendo, entre criação e desaparecimento de empregos. Agora, com fissuras e fraturas, ele ameaça romper-se. Os postos de trabalho, suprimidos pela invasão da tecnologia ocupacional e produtiva, não se vêem — salvo situações setoriais, geográficas ou cronológicas peculiares, visivelmente tópicas e/ou circunstanciais — compensados em quantitativos satisfatórios por novos investimentos destinados precipuamente à geração de empregos. Os aplicativos financeiros na produção, hoje, *direcionam-se* normalmente à aquisição da *máquina que faz, e só excepcionalmente ao homem que fez.*

Aceita-se, normalmente, a tese de que as reais mudanças de eras ou ciclos na História da Humanidade ocorreram sempre que houve alteração simultânea em três fatores: as fontes utilizadas de energia, o sistema diretivo de poder e o modelo da produção. No advento da Revolução Industrial teria ocorrido a concomitância das três mutações: a) o vapor e a eletricidade, com a utilização industrializada do petróleo e o carvão, asseguraram combustível e energia para que os primeiros engenhos mecânicos dispensassem, em boa parte, a força humana para mover-se e produzir; b) a democracia, embalada pelo ideal de igualdade na concepção dos enciclopedistas e pela valorização da vontade individual — nem sempre suficientemente forte para ser manifestada e, sobretudo, respeitada — se não ensejou, desde logo, a influência da sociedade sobre o centro do poder, viabilizou a grupos (burgueses), até então discriminados, o direito de ser ouvidos e de acessar centros decisórios; c) a priorização da quantidade produzida, fazendo-a padronizada; estabelecimento de novos vínculos jurídico-econômicos entre quem presta serviços e quem se utiliza desses serviços, implantando o salariado, a partir da configuração do emprego, com destaque para o fator trabalho (sem, com isso, retribuí-lo à altura), identificou o terceiro lado do triângulo: isto é, a alteração do formato e do contexto humano da produção.

Estariam, dessa maneira, completadas as exigências para caracterização de um novo ciclo. E não há dúvida: a Revolução Industrial, com a sociedade laboral dela decorrente, foi era especial que se implantou e que, ainda, sobrevive.

Agora, há uma metamorfose em ocorrência. Novos padrões produtivos, novos modelos comportamentais, novos referenciais de relações humanas e institucionais. Há uma avassaladora facilidade de comunicar-se e a invasão diuturna de uma tecnologia que altera do ambiente doméstico à supremacia bélica. Tudo isso deságua ou, pelo menos, transita, com marcas, na área da produção e convive, nem sempre pacificamente, com o tradicional modelo laboral, reformando-o, transfigurando-o e, para alguns, num breve histórico, suprimindo-o.

Recorda que "o futuro pertenceria (ou pertencerá)" àqueles que serão (ou forem) capazes de usar mais as próprias cabeças do que as próprias mãos.

Nesse particular, o futuro comprovadamente já chegou. Os tempos atuais — e não exatamente os de hoje — já são dos que usam, prevalentemente, o saber criativo (capital predominante dos atuais empreendimentos), e não dos que vivem da força ritmada de seu esforço repetitivo. Aqueles já têm (ou aspiram, com chance, a alcançar) o exercício da gestão e do planejamento; os outros restringir-se-ão à condição de dependentes anônimos, usualmente em desempenho coletivo, de quem se cobra a subordinação, como comportamento, e a repetição sincronizada, como prática.(2)

Há, pois, diante de nossos olhos, um instante de mudança, cuja velocidade de implantação, grau de alterabilidade e destino final não se tem como responder, ainda.

18. O TRÂNSITO DA 1ª PARA A 2ª MODERNIDADE: UM AMANHÃ SEM DATA CERTA

O que se identifica, à luz dessa transição, dita da 1ª para a 2ª Modernidade, é a reverberação provocada. Ao constatar-se o fenômeno alvissareiro do aumento médio de vida (longevidade), evidencia-se, a contrário senso, e também por decorrência, a crise disseminada de sistemas previdenciários (inclusive d'alguns, até pouco, tidos como inexpugnáveis: alemão, francês, austríaco etc. etc.). Ao anotar-se a ascendente *significação dos blocos* (*vide* União Européia) e o quase subsumir-se neles, fragilizando-se, dos países, vem à tona (paradoxalmente?) uma acentuada possibilidade (já, hoje, probabilidade) de um sistema unipolar de poder mundial, exer-

(2) "A busca da flexibilidade nas organizações passa a ser uma necessidade, a partir da constatação de que a rigidez estrutural das organizações tradicionais não é mais condizente com a realidade atual. Começam a surgir novos conceitos para as organizações se organizarem, diferentes das formas clássicas baseadas em fatores como especialização do trabalho, distribuição de poder e autoridade. Os desafios de nosso tempo necessitam de organizações mais vivas e mais inteligentes". TROPE, Alberto, *in Organização Virtual*, Rio de Janeiro: Qualitymartk, ed. 1999, p. 23.

cido por um país (Estados Unidos); ao reafirmar-se, como instituição madura e inquestionável, a democracia, que, no século passado derrotou contundentes projetos de destruí-la (nazi-fascismo e comunismo, através do Eixo e da União Soviética, respectivamente), há, simultaneamente, uma depreciação generalizada e um descrédito crescente dos *partidos* (particularmente dos de massa) e dos políticos, sobre quem ela se assenta e com os quais ela se implementa; ao evidenciar-se a abundância da *produção*, a quantidade ascendente de bens e serviços posta à disposição de potenciais consumidores, na guerra de mercado, estranhamente o tradicional sujeito do processo produtivo, o trabalhador, vê reduzidas suas garantias jurídico-econômicas e minimizada sua importância e força reivindicatória na sociedade. Históricos *compromissos sociais do Capitalismo* — que, atendidos, lhe deram sustentabilidade e expansionismo exitoso — bem como deveres assumidos pelo próprio Estado, na sua feição social democrata, *responsável*, na ordem pública, por *encargos protetivos assistenciais vêem-se*, no mínimo, questionados(3). Se não, progressivamente minimizados ou abandonados, ante novos conceitos que informariam a convivência humana, alterando (ou alterados por) modelos econômicos, sociais e políticos, com o reflexo no (e do) cultural.

Ilusório, pois, tratar do que seria o *futuro do trabalho,* sem esmiuçar o próprio amanhã do Estado e de seu anterior perfil assistencial, quando se apresentava com fortes cores nacionais.

Não se pode aprofundar pesquisa disposta a delinear o presumível *futuro do* trabalho, ante causas e condicionantes que são tantas, e tão mutáveis, sem, paralelamente, discutir o endereço e o conteúdo de poder e ação, no porvir, do chamado *Estado nacional*, particularmente na sua função tutelar. As missões deferidas, pela sociedade, aos Estados de direito, politicamente organizados, englobavam, em maior ou menor grau, tarefas tuitivas. No elenco de suas atribuições encontrava-se (e se encontra) a de atenuar desigualdades, posto que o igualitarismo da Revolução Francesa já fora inviabilizado pelo individualismo que ela própria consagrara. Esse encargo estatal de promoção social combinado, para as mais agudas circunstâncias de miséria/pobreza, com o de assistência pública,

---

(3) "Entretanto, assinaladas as diferenças temporais, políticas e institucionais, pode-se dizer que os sistemas estatais que configuram a modalidade política de alocação de recursos sociais responderam à crescente incapacidade do mercado de regular as relações econômicas, especialmente aquelas mais carregadas de implicações sociais". DI GIOVANNI, Geraldo, *in* "Temas de proteção social: uma introdução conceitual", no livro *Reforma do Estado e políticas de emprego no Brasil*, Campinas: Unicamp, 1998, p. 15.

destacou-se em certos momentos da vida administrativa do Estado-Nação, inclusive em função de idéias, doutrinas e até mesmo de ideologias com majoritária preferência em sociedades nacionais. Tais especificidades de postura de um ou de outro Estado foram variantes de um gênero que, com oscilações, não desnaturou sua matriz (falando-se em democracias ocidentais, afluentes e assemelhadas) e foram visíveis, predominantemente, a partir da progressiva consolidação do trinômio Revolução Industrial/Democracia Política/ Capitalismo econômico. Foi por conseqüência, no mundo social, por força do impacto dessa "tríplice aliança" que, na *sociedade do emprego* criado, desejado e nem sempre alcançado, se reivindicou, primeiro, e se exigiu, depois, a intervenção, variável, de país a país, do Estado como agente de política social visando à atenuação de desequilíbrios.

No *trânsito da 1ª Modernidade*, onde se evidenciam (sobretudo, evidenciaram-se): 1) vida coletiva; 2) busca de um quimérico pleno emprego; 3) consolidação jurídico-administrativa do projeto político do Estado nacional sócio-assistencial; 4) e utilização submissa da Natureza como ingrediente, ilimitado no seu desfrute, por projetos econômicos, *para a 2ª Modernidade,* é que se *começam a sentir:* 1) retrocessos do modelo — até então, praticamente único — do trabalho remunerado; 2) discretas, inicialmente, e, hoje, notórias e ruidosas manifestações e atitudes, inclusive algumas oficiais, de proteção do meio-ambiente; 3) alterações nas relações interpessoais de gênero, com a crescente liberdade sexual e o que dela decorre para a re(des)estruturação da família tradicional; 4) outras mutações comportamentais, determinando (ou determinadas pelo) novo contexto cultural, com a emergência de novos e o arquivamento de tradicionais valores e referências; 5) influências marcantes desse fenômeno que, pelo menos, política, tecnologia e economia compõem, com o tempero de cada sociedade (por isso, uniforme na visão macroscópica e peculiar, no exame localista), que é a globalização. *É importante, enfim, entender* que, "nessa viagem", no tempo e no espaço sócio-político-econômico-cultural, *mudam os próprios padrões usuais de mudança, tidos, até então, como permanentes.* Pelo menos, como ultraestáveis. Há uma expectativa de que as sociedades (sujeito e objeto desse processo) ajam e reajam, face às perspectivas e concretudes de tão significativas mudanças, adotando linguagem própria para identificá-las e metodologia específica para lograr dosá-las na medida e na proporção do interesse e da realidade de cada contexto nacional.

É o que leva muitos a reagir intelectualmente à idéia de que há um caminho traçado e a ser, inevitavelmente, percorrido nessa rota, descrendo, por cautela e ceticismo, que origem e, sobretudo, destino e cronologia estejam irreversivelmente traçados e seu cumprimento seja mera homologação de algo já feito de causalidades. Para os que duvidam, só o mutável das circunstâncias é previsível, imperativo e lógico (?), por exigência da alterabilidade que é fruto da própria macromudança prevista. Para os que vêem esta última como já desenhada, e imutável, mesmo conscientes dos percalços do caminho, há um paradoxal "otimismo pessimista" a embasá-los, na linha da conhecida máxima: "quem diagnosticar *hoje* um crepúsculo sem amanhecer, é cego; quem falar de um amanhecer sem crepúsculo, é ingênuo".

Não se negará que debater o futuro do trabalho implica em examinar o futuro da sociedade humana; enfim, o porvir do próprio homem. *Bertoldo Brecht* enfatiza que esse tempo porvindouro é enigmático, lembrando que sua interpretação (ou antevisão) faz retroagir ao labirinto das fábulas gregas. Diz, com pertinência, o filósofo-literato-teatrólogo que, no caso, "há tantas questões quanto cenários; e tantos cenários como e quantos autores identificarmos".

Tais cenários erguem-se para arquitetar o fim (ou não) da sociedade do (pleno) emprego; *para uns*, da expectativa razoável de recuperação — desejável ou não — de um sonho para muitos de tempos novos que relembrem e reproduzam os de antes, entendendo que o progresso do presente é o caminhar para um futuro que se identifique com o passado; *confrontando-se com outros* que crêem, à luz da irreversibilidade das mudanças que, deste último, o futuro cada vez mais nos afastará e que o amanhã, no trabalho (sobretudo) e no demais, será diferente do hoje mas, particularmente muito diverso do ontem sem retorno.

Por isso, a esperança e o medo, à luz do nosso tempo e do que é futuro e, logo, a cada instante, se faz presente, são sentimentos contraditórios e irmanados. Há, sempre, uma angústia melancólica e saudosa pelo que já foi — menos pelo mérito do ocorrido e mais por já ter sido e por não ser desafiadoramente desconhecido — e um misto de temor e esperança pelo que venha (ou virá) a ser. Confiança esperançosa no progresso, na ciência, no bem-estar material; temor na velocidade dos câmbios, na quebra dos padrões, na destruição de imagens, na vacilação dos valores referenciais, enfim, medo de que *tudo que era* — âncora de crenças e convicções de uma vida — possa *deixar de ser*.

Nesse contexto, tendo no *homem seu partícipe mor*, se aglutinam, convivem e interagem, com celeridade, e no limite da inovação (ameaçando descontrole pelo frenético das mudanças): tecnologia, informação, comunicação social, criatividade individualizante, ecologia, automatização etc., num mundo que se diz globalizado, mas que se vê ameaçado por fissuras civilizatórias e fraturas culturais.

Do que não resta dúvida é que se tem, sobretudo nos países do 1º Mundo e em regiões emergentes, onde se evidenciam virtuosas "manchas" primeiro mundistas, um quadro sócio-econômico muito diverso do vigente até o início da 2ª Guerra Mundial e mesmo diferente do que se apresentava em meados da década de setenta do século passado. No entanto, ainda (?) se está muito longe (que, dependendo da imprevisível velocidade das mudanças, poderá aproximar-se) do grande painel, de cores bem diversas, que futurólogos mais ousados acreditavam seria a realidade de hoje e, agora, transferem para um amanhã sem data certa.

19. AS MARCAS DA PASSAGEM, NA TEORIA DE BELL, *DA ÉPOCA INDUSTRIAL PARA A PÓS-INDUSTRIAL*

Daniel Bell, há pouco menos de meio século reunia argumentos que, a seu juízo, confirmariam o trânsito, já naquela época, do que intitulava *sociedade industrial* para a *pós-industrial*. Destacava alguns fatores de transição que seriam decisivos: *1) passagem da produção de bens para a de serviços* (a valorização continuadamente crescente do setor serviços — que prossegue até hoje — e indiscutível, como anterior a ela, o próprio multiplicar-se, com identidade própria, da prestação autônoma de atividade; o que não parece, no entanto, exato é acreditar que haja uma *substituição* de bens por serviços. Aqueles continuam a ser produzidos, em variedade e quantidade permanentemente multiplicadas, tendo, porém, a acompanhá-los uma oferta de serviços diversificada e abundante, como, em tempos passados, não ocorria. Alterou-se a forma de produzir mas não se deixou de produzir; antes, isoladamente estrelando o mundo econômico; agora, compartilhando, com os serviços, o pódio); *2) aumento da importância laboral* dos *profissionais liberais* e *técnicos face os operários* (é colorário do princípio anterior; na medida em que se refina o processo produtivo, destacando-se, no valor de troca, a criatividade e proclamando-se o saber como o ingrediente mais forte do fator capital, é natural que os habilitados a tarefas originais, inovadoras e/ou eminentemente personalizadas cresçam em importância, em detrimento dos que, por menor formação e capacidade criadora, restringem-se às meramente repetitivas); *3) predomínio* do *saber teórico* (princípio acolhido por *Bell*, proposto originalmente por *Dahrendorf*, insere-se no raciocínio dos anteriores; conveniente aprofundar-se a análise de modo que se possa entender o novo tempo, respeitoso e estimulante da investigação científica, da pesquisa, sem, no entanto, quedar-se no acadêmico pelo acadêmico(4). A *sociedade dita pós* destacaria o espírito da inovação e da singularidade da proposta fundamentada, inusitada e voltada à qualidade de vida; até hoje, porém, a *mudança não se caracterizou pela sacralização do meramente teórico;* usa dele, na medida em que, sendo base e amparo do prático, faz deste um instrumento de bem-estar e desfrute de vida mais qualificada); *4) gestão de um desenvolvimento tecnológico tão importante que não possa ser conduzida por um só homem, e, às vezes, por um Estado* (mais do que característica do que estaria vindo para o depois, uma constatação da complexidade do que já é; a frenética inovação da tecnologia, a socialização mercadológica de seu conhecimento e uso, a crescente voracidade de um mercado exigente do novo, do menor, do mais rápido, do mais apto a mais funções torna complexo o processo de gestão da cúpula político-administrativa corporativa e/ou governamental. A velocidade criadora, a competitividade sem tréguas e a complexidade do criado e do a administrar exigem equipes interdisciplinares, e não mais a singularidade imperativa de um chefe a comandar batalhões de repetidores de tarefas pré-planejadas e cuja maior virtude era não pensar em alterá-las); *5) a nova tecnologia intelectual implicou no advento das* máquinas inteligentes (tal significaria a *substituição do esforço físico,* originariamente penoso e perigoso — as primitivas máquinas da Revolução Industrial não se preocupavam com o risco acidentário do trabalhador — e, posteriormente, se não insalubre como regra, pelo menos habitualmente exigente, pela *dedicação* e concentração *intelectuais;* o trabalhador pós-industrial, na versão de *Bell*, não teria maiores demandas físicas mas se lhe exigiria acuidade e percepção, seja para criar — o que aconteceria algumas vezes — seja para supervisionar execuções automáticas em que ele precisaria entender a operação da máquina e, eventualmente, socorrê-la e/ou corrigi-la ante descaminhos do instrumental; as chamadas "máquinas inteli-

---

(4) "Quando a Terceira Onda rompe através da nossa sociedade, o trabalho torna-se menos, não mais, repetitivo. Torna-se menos fragmentado, com cada pessoa fazendo uma tarefa um tanto maior e não menor. O tempo flexível e o ritmo próprio substituem a velha necessidade do comportamento da sincronização em massa. Os trabalhadores são forçados a enfrentar com mais freqüência mudanças em suas tarefas, bem como uma desnorteante sucessão de transferência de pessoal, mudança de produto e reorganização. O que os empregadores da Terceira Onda precisam cada vez mais, por conseguinte, são homens e mulheres que aceitem responsabilidades, que compreendam como o seu trabalho se combina com o dos outros, que possam manejar tarefas cada vez maiores, que se adaptem rapidamente a circunstâncias modificadas e que estejam sensivelmente afinados com as pessoas em volta deles. TOFFLER, Alvin, em *A Terceira Onda*, tradução de João Távora. 23ª ed., Rio de Janeiro: Record, 1998, p. 378.

gentes", capazes de repetir, se programadas, a ação humana, e fazê-la, em certos casos, com maior grau de eficiência qualiquantitativa, alteram a posição hierárquica dos agentes do processo produtivo, minimizando a figura daquele que, mesmo sem comando e força decisória, fora alicerce da Revolução Industrial: o trabalhador operário).

Esses os *cinco pontos axiais*, identificados por *Daniel Bell*, ainda na década de sessenta, como comprobatórios de que se estava (ou se estivera, a seu juízo) passando de um tempo para outro, na História da produção societária.

20. O EQUIPAMENTO FUNCIONAL PRAZEROSO E A "CONSTRUÇÃO" DA IMAGEM DO HOMEM DO NOVO TEMPO

Costuma-se dizer que, na(s) sociedade(s) pré-industrial(is), tudo o que se consumia era produzido pelos próprios consumidores. Se não tudo, quase tudo. Havia o autoabastecimento doméstico da comida (o pão caseiro, a horta etc.), da roupa (as mulheres habilidosas somavam às lides domiciliares a tarefa de coser as suas e as vestimentas dos filhos, marido etc. etc.). Com as corporações, ganha visibilidade um processo de troca e comercialização anteriormente quase imperceptível pela raridade; as oficinas dos mestres são incipientes 'indústrias" e precárias "lojas de comércio" mas, de qualquer maneira, balisam a *gênese* da externalização do consumo coletivo. É, no entanto, com a *Sociedade Industrial*, que se estabelecem as fronteiras divisórias entre *o ato de produzir* e o de *consumir*, a partir da clara separação de seus agentes, produtor e consumidor. A hoje conhecida cadeia produtiva implanta-se rudimentarmente, definindo tarefas entre quem produz, quem compra-e-vende e quem é consumidor final do bem. A fábrica, ao produzir, e o mercado, ao consumir, de maneira crescentemente significativa, retiram do processo a marca, anteriormente individualizada, de quem produzia, vendia ou comprava. Tudo é coletivo e, por isso, nos números enormes da multidão, anônimo. Por serem muitos, *não é ninguém, e são todos.* O *artesão* habilidoso, destacado e requerido, perdeu espaço e terminou, praticamente *substituído, pelo grupo*, sem nome e sem exigência criativa que, lidando com máquinas precisas (ditas inteligentes) punha — e põe — no mercado, milhares de produtos, adrede modelados e rigorosamente padronizados, a baixo custo, preço competitivo e dispensa de criatividade individualizante[5].

---

(5) "Como, todavia, o tempo renova suas exigências, reinstaura as necessidades, o indivíduo não pode produzir e consumir de uma vez por todas. Por isso, produção

A chamada sociedade pós-industrial, que estaria sinalizando sua chegada, segundo *Toffler*, vê-se sublinhada pela *miniaturização* dos *meios de produção*, característica que, iniciando pela modelagem japonesa, ganhou adeptos e seguidores em toda a indústria mundial[(6)]. *Tal miniaturização*, sem assemelhar-se aos tempos primevos, em que produtor e consumidor confundiam-se na mesma pessoa e o domicílio era centro, se não exclusivo, amplamente majoritário, quer da produção, quer do consumo, viabiliza, às vezes, pelo fácil *manuseio de equipamentos apequenados* e de múltiplas e valiosas funções, *que algumas* tarefas tenham *voltado para o ambiente doméstico;* seu protetor-executor seria, também, seu consumidor (exemplifica-se com micro-computadores, pequenas soldadoras, instrumental de jardinagem, pré-cozidos etc.). Esse estimular tarefas (que, em geral, não se destinam à captação de renda básica individual ou familiar mas que substituem usuais despesas necessárias) produtivo-prazerosas identifica, às vezes, o trânsito do trabalho, como *dever subordinado (visando ao lucro de terceiros) para o trabalho, prazer autônomo (que enseja a alegria do fazer criativo e agrega a vantagem do ganhar pelo não gastar competente).* É o alvorecer do *tempo livre*, na visão, não de *dolce far niente*, do descanso pelo descanso, mas do liberar-se da subordinação; exonerar-se da manobra repetitiva e administrar, por conta própria, o tempo, de maneira a juntar utilidade com distração, obra com diversão.

É do próprio *Toffler* uma indicação de que a surgente *sociedade pós-industrial* teria mudado as preocupações humanas com a higidez e, particularmente, com a aparência física. Disso decorreria a prática, agora disseminada, dos exercícios físicos, da popularização da atividade esportiva pelo cidadão comum e da bateria de remédios e recomendações práticas de combate à obesidade e mesmo à gordura não doentia. Tudo isso estaria também vinculado a uma autovalorização pessoal, que não apenas transita no intelectual

---

e consumo são fenômenos necessariamente contínuos e correlativos. Em outras palavras: o homem é obrigado, de forma permanentemente renovada, a realizar atividades, a desenvolver meios que viabilizem a elaboração e a transformação da natureza, criando riquezas (bens) capazes de satisfazer suas necessidades. Se, de um lado, o ato de produzir consiste precisamente em criar riquezas, o ato de consumir, de outro, implica a satisfação das necessidades mediante o uso dessas mesmas riquezas". BACAL, Sarah *in Lazer e o Universo dos Possíveis*, São Paulo: Aleph, 2003, p. 17.

(6) "Atribui-se a *Sbel* e *Piore* um pioneirismo na apresentação da tese da 'especialização flexível': esta seria a expressão de uma processualidade que, tendo especialmente a 'Terceira Itália' como experiência concreta, teria possibilitado o advento de uma nova forma produtiva que articula, de um lado, um significativo desenvolvimento tecnológico e, de outro, uma desconcentração produtiva baseada em empresas médias e pequenas, 'artesanais'." (ANTUNES, Ricardo. *Op. cit.*, p. 17)

mas que cobra qualificação do corpóreo. Tal diretriz refere-se ao resgate do individualizante, do não-coletivo; no caso, exigindo da pessoa uma seleta e hierarquizada identificação que a faça capaz de apartar-se da multidão e ser reconhecida *de per si*, tanto no criativo intelectual quanto no estético corporal. Daí, mais uma vez amparando-nos em *Alvin Toffler*, a constatação de que ganha transcendência, no conteúdo e dimensão quantitativa pela clientela volumosa, a cirurgia plástica pela estética, inspirada no princípio de que "é possível; mais do que isso, recomendável, esculpir, artisticamente, o próprio corpo". A cirurgia plástica estética tem, na sua gênese filosófica, traços marcantes daquela antiga e permanente aspiração humana de ser criador, na sua trivalência de admirar-se do, temer a e competir, sempre que possível, com o próprio Criador. *Ela*, porque nasce da vontade, e não da necessidade; porque é fruto do impulso estético, e não da exigência da enfermidade; porque é um procurar do belo, e não a terapia do atrofiado ou disfuncional, *vincula-se* basicamente à *criatividade*, no fazer um novo bonito, e não no reparar corretivamente o trauma ou a patologia. Enquanto, na época da Revolução Industrial, a cirurgia plástica era tipicamente reparadora, decorrente das danosas conseqüências da guerra, a estética é efeito, também, desse passar, psicologicamente, do indivíduo, do tipo edípico para o narcisista (na sociedade industrial, os jovens tinham, por referência, na confrontação física, a figura dos pais; na pós-industrial, a busca no espelho é a de um outro jovem, que é a sua imagem idealizada e que idilicamente procura preservar). A tendência que se vai criando, na modelagem em *transição, rumo à pós-industrial,* é a de que se o paradigma não se encontra no *alter* (historicamente, ascendente e de faixa etária superior, à luz do princípio de valorizar o saber adquirido e repetido: a experiência), é porque ele é buscado nos da mesma geração (com o atributo da juventude, a marca do inovar e do tudo a criar). Enfim, como aludia *Negroponte*, guru da sociedade dita digital criada, a criar-se ou em criação: "já começou o tempo de transição, do mundo dos átomos para o mundo dos *bits*".

21. AS LOCOMOTIVAS E OS VAGÕES: OS CÉLERES E OS LENTOS

Nesse turbilhão, dentro de nós, ao nosso derredor e longe de nós, mas em nós repercutindo, perceptível ou imperceptível, persegue-se a possibilidade, nas aspirações contemporâneas, de não só prever mas de *planificar o futuro;* fazê-lo moldado em nossas expectativas e conveniências, crendo-nos a tanto habilitados pelo mais saber; especialmente tecnológico, de cada dia, e pela prepotência com que esse avançar no conhecimento nos vai autodotando. Sentimento de omnipotência, produzido por nossa vaidosa e falha autoavaliação.

Gregos e Romanos, no período clássico, por eles construído, mau grado suas múltiplas crenças e seu tirocínio para indagação filosófica (helênicos) e para o conceitual pragmático (romanos), acreditavam que o ocorrido e o a ocorrer eram (seriam) *obra do acaso*. Tudo seria fruto de circunstâncias meramente aleatórias que, agrupando-se em nome do fortuito, gerariam, pela casualidade, o que deveria e viria a ocorrer.

A *civilização cristã* liberou-se do imprevisto, do inexplicável, fundamentando-se em ensinamentos teológicos e crenças dogmáticas. Embasada no monoteísmo, que propagava e professava, atribuiu todo o porvir aos desígnios, insondáveis e indiscutíveis, da Providência Divina. Diante deles, por temor e reverência, só cabia a postura de curvar-se, respeitá-los e cumpri-los.

Com o surgimento do *Cientificismo* e sua progressiva consolidação, titular de conceitos e avaliações que se iriam, progressivamente, adotando por segmentos menos crentes da sociedade, abandonou-se o período de perseguições às descobertas contestadoras, tais como a do movimento da Terra, do heliocentrismo e tantas outras que o hermetismo primitivo e cruel da Inquisição impôs ao progredir intelectual e ao saber mais, ânsia e aspiração legítimas da espécie humana.

Com a *Revolução Industrial* e sua vanguarda iluminista, alicerçada no racionalismo como tese e no produzir quantitativamente como objetivo, o homem, padronizando a produção, fazendo repetitivo o trabalho, pôde antever melhor um amanhã que não se mostrava tão difícil de ser antecipado. A sincronização, a especialização, o mercado comandado pela oferta, o quase ilimitado poder do *jus gestionis* patronal, um contratualismo que assegurava ajuste de vontades, só *formalmente* iguais, permitindo que se desenhasse *a priori* o resultado do que, na prática, seria acordado por adesão, *tudo isso* ensejou uma apreciável possibilidade de projetar-se o amanhã.

Com o início do trânsito para a *sociedade pós-industrial* passa-se a acreditar que o "destino" seria decorrência, em grande parte, da capacidade de o homem bem programar-se, na lição de *Touraine*. Tal entendimento parte: a) da necessidade de um alto poder de indagação filosófica; b) de um precoce e avantajado conhecimento de reações psico-sociais; c) de uma previsão, quase premonitória, das variantes políticas internacionais; d) e de um antecipar o elenco das mutações que a criatividade tecnológica oferecerá. Saber como todos esses fatores, agrupando-se, incidirão e alterarão o quadro das relações econômicas (hoje, tão dinâmicas), sociais (hoje, tão inquietantes) e culturais (hoje, tão sensíveis) é desvendar o depois da Sociedade.

Isso tudo se faz mais desafiador e complicado quando se está delineando uma sociedade, cuja rubrica essencial será a da *criatividade*. Prever o previsível — com perdão da redundância — não parece propriamente dificuldade insuperável (ou das maiores). Prever o inusitado ou, pelo menos, o surpreendente é missão de alta indagação. O tempo possivelmente (se estivermos certos, pelo menos nessa previsão), em breve, nos dirá, se possível e confiável.

Por isso, cientistas políticos, como *Bobbio* p. ex., dividem países e/ou sociedades, não mais pela tradicional separação de pobres e ricos; nem mesmo, desenvolvidos e subdesenvolvidos. Classificam-nos em *rápidos* e *lentos. Aqueles,* porque informados, culturalmente ricos, educacionalmente estruturados, imersos na melhor pesquisa, com economias sólidas, e pilotando a mais recente e qualificada tecnologia, oferecem *imediatidade* de resposta ante os desafios. Transformam em ação pronta seu maior capital, que é *o saber. Os outros*, frágeis no educativo, precários na arte do inovar, carecem da informação — que só a têm, repassada de segunda mão — e, também por isso — são, em regra geral, economicamente débeis; limitados e deficientes são *incapazes de deliberar* com presteza, sendo meros seguidores de ágeis lideranças. O mundo, hoje, face às sociedades que o compõem, dividir-se-ia, pela celeridade pragmática no agir, em *locomotivas* (com força própria e capacidade de arranque) e *vagões* (só movidos, se objeto do impulso daquelas).

Enfim, há países que produzem idéias, arquitetam a e compartilham da construção do futuro; lançam-se na empreitada do descobrir planejado e são os que, fortes, *decidem*. Há os que se limitam, em capacidade e aspiração, e se apresentam como produtores repetitivos de bens materiais, ancorados só na modelagem e na vivência primitiva da Revolução Industrial, e são *médios* no seu poder de influir. Há os que se restringem — e não são poucos —, contentando-se em consumir (e como são frágeis na economia, têm de ser muito módicos) e oferecer, em contrapartida, a crescentemente desvalida mão-de-obra operária; e, por isso, acabam relegados à total dependência econômica e à subordinação política.

CAPÍTULO V

CENÁRIOS LABORAIS DO AMANHÃ

22. O PERFIL MUTÁVEL DO TRABALHO

Fernand Braudel, assistindo às transformações que nos atribulam e estimulam, constata: “nunca houve entre o passado, mesmo o passado distante, e o tempo presente uma ruptura total, de descontinuidade absoluta ou, se se prefere, de não-contaminação”. A mutação que se processa, com mais celeridade e com maior distanciamento entre o anterior e o sucessivo, não autoriza que se possa atribuir, ao novo tempo, *a gênese* de uma nova sociedade humana. Ela será sempre, por mais criativa e mutante que tenha sido (ou venha a ser), conseqüência do que se era ontem e decorrência do que se foi anteontem. Há um fio condutor, mais ou menos visível, às vezes pouco perceptível, mas íntegro, assegurando a relação do contemporâneo com o póstero, como o daquele com o de antanho; enfim, do homem só, ou de seu agrupamento, com os homens de antes e o grupo social que constituíam.

Por isso, a ameaça que o desemprego faz pesar, hoje, sobre a sociedade conduz à pergunta: qual seria o lugar que ocupava o trabalho na vida das pessoas e na história das sociedades? A indagação, como se pode presumir, perfilha, pelo menos, outras duas: o que é o trabalho? qual seu valor?

Da primeira pergunta se tem (se teve) e se terá múltiplas respostas, como já se salientou. Veja-se a lição da *D. Meda* (*Le Travail, une valeur en voie de disparition*, Paris: Aubier, 1995), onde se constata que o trabalho é *um* na sua utilização (emprego) pela Revolução Industrial, e *era* outro (ou outros) nas facetas diversificadas em tempos pretéritos. O próprio *R. Castels* (*Les Métamorphoses de la question sociale*, Paris: Tayard, 1994), metaforicamente, preleciona que a idéia do trabalho significativo “inventa-se” para se explicar o fenômeno produtivo humano que se inicia no século XVIII, quando se implanta — e se “constrói” — a figura do *assalariado*. É, ante tais análises, com esse trabalho polivalente — pouco prestigiado, muito utilizado, mal ou não remunerado, juridicamente desprezado — que passam a ter marca própria o vínculo contratual, a dependência, a continuidade, a pessoalidade e o *salário*.

O trânsito desse perfil laboral, delineado toscamente nos pródomos da Revolução Industrial, por ela perpassou, adensou-se e ganhou tutela do mundo do Direito. Fez-se mais significativo na economia; foi combatido e, progressivamente, viu-se e vê-se, muitas vezes, desalojado pela máquina. Conseguiu, no entanto, desembocar, nesta era de transição mais aguda, sob a égide da regulamentação — ainda prevalente mas já ameaçada — no sistema produtivo industrial (acossado pelo incremento dos serviços), onde a relação salarial é central, sendo sua geratriz o emprego.

Não há como negar que seu modelo de referência foi o *fordismo* e seu obsessivo processo de uniformização produtiva. Poder-se-ia até dizer que se *embasa* em *quatro alicerces:* 1) a diminuição, com seus racionalizantes procedimentos, dos tempos de produção, graças à mecanização sincronizada e disciplinadamente instrumentalizada; 2) a orientação dinâmica e verticalizante que hierarquizou, distinguindo concepção, produção e venda; 3) a redução, por política comercializadora, dos preços relativos, com o propósito de criar condições práticas de formar-se o consumo de massa[(1)]; 4) a entrega, para a empresa de maior porte (grande), da parte mais consistente e estável da demanda — ou seja, aquela que assegura um consumo de grandes números — enquanto se libera espaço para as pequenas organizações empresariais, a fim de que atendam demandas diferenciadas, requisições conjunturais e, obviamente, parcelas limitadas do mercado. Foi essa evolução sistêmica que incidiu na relação de emprego permitindo, por melhorias organizacionais, gerar ganhos de produtividade; estes, sendo compromissos assumidos, via de regra, por negociação coletiva, agregaram avanços salariais participativos, concretizados ora por um *plus* remuneratório ora por benefícios sociais.

É o esforço da relação *empresa/empregado,* geradora do modelo tentativo de êxito, medido pela quantidade produtiva, a baixo custo, competitivo preço e perspectiva de lucro, na esteira da *produção de bens,* visando a *sobreviver* ao *ataque da sociedade* de *serviços*, avant-première (?) da dita pós-industrial.

É a noção de trabalho presa ao paradigma do trabalho assalariado. O configurar-se, no horizonte próximo, uma relativa escassez

---

(1) "O ser social que trabalha deve somente ter o necessário para viver, mas deve ser constantemente induzido a querer viver para ter ou sonhar com novos produtos". ANTUNES, Ricardo. Op. cit., p. 92.

— cada vez mais preocupante — de empregos, reforça, porém, o apego a normas oficiais (com modelagem protetiva), embora as novas e efetivas representações do trabalho se diversifiquem progressivamente.

Indiscutivelmente, há uma interrogação desafiando quem esteja querendo ver um pouco mais além. Por isso, constroem-se projeções, que se tornam mais complexas, sob a forma de *cenários*, procurando, com ciência e premonição (não é disso que se faz a futurologia?) antever o amanhã do homem, da sociedade e, particularmente, do trabalho.

Um dos arquitetos desse projetar é *Jean Boissonnat* (*Le Travail dans Vingt Ans*. La Documentation Française, Éditions Odile Jacob, Paris, 1995) que propõe *quatro cenários*, como alternativa para enfrentar o porvir. São elementos e alimentos de um debate aberto, tratando de escolhas ou da falta delas nesse iniciar de milênio. Ei-los, sintetizados e analisados.

23. PROGRESSIVO AFUNDAMENTO

Cenário 1 — O Estado tradicional, sobretudo o ancorado no modelo clássico de democracia ocidental, não consegue promover a reconciliação do externo com o interno, e da economia com o social. A concorrência é cada vez mais forte, mas o crescimento faz-se mais fraco. E a política, entre o desordenado e o descritério, mantém-se na defensiva, visando, apenas, à sobrevivência formal. O desemprego, nesse quadro, a cada dia, aumenta um pouco mais. É o *cenário do progressivo afundamento da sociedade conhecida.*

Os grandes pólos de desenvolvimento e de permutas regionais, no mundo, se fortalecem ou aparentam fortalecer-se. Haveria uma potencial tríade de forças econômicas: América do Norte, Pacífico Asiático e a Europa Ocidental e Central, que vão sendo, de maneira mais próxima (China) ou um pouco mais distante (Europa Oriental, países da América Latina), acompanhadas. Enquanto isso, no entanto, o eixo do *poder real* afunila-se e gira, especialmente, em torno do comando unipolar dos Estados Unidos. Com tal predomínio, a *globalização* ganha feição domesticada. De qualquer maneira, também ela toma a forma de um regionalismo mundial, no qual a proximidade geográfica comanda a intensidade das trocas. A deslocalização continua, mas é contrabalançada por um movimento contrário de concentração de atividades nos países da antiga industrialização. *A* esperança *de uma* nova *ordem econômica e social se esvai.* Nenhuma potência nacional ou internacional está em condições de desempenhar papel sequer comparável ao dos Estados Unidos, tanto hoje como quando saíram da 2ª Guerra Mundial.

Haveria uma falta de cooperação no âmbito mundial, gerando dupla conseqüência: restrição do potencial de crescimento econômico, especialmente nos países outrora desenvolvidos (nos quais o aumento da produção seria, em média, ao redor de 3%) e aumento do risco crescente de crises monetárias (via *deficits* comerciais, ondas especulativas e ameaças inflacionárias).

Nesse contexto, um pilar básico da coesão social, *o trabalho*, ameaçaria esfarelar-se. O Estado-Providência estaria em situação dramática. De hábito, só se ocuparia de urgências (que são tantas), sem poder projetar para a larga duração. E haveria urgência para os desempregados, ante a qual o Poder Público teria de, pelo menos, tentar estratégias específicas, do tipo emprego de utilidade coletiva, ou, mais drasticamente, até redução de salários. Haveria quadros nacionais que se agravariam com as pressões migratórias e aumentaria o conflito surdo (ou ruidoso) dos nacionais com os migrantes pelos precários espaços laborais. Tudo sob o clima insalubre, socialmente, do medo do desemprego, do empobrecimento crescente, do rebaixamento de *status* profissional e de nível sócio-econômico. Isso caberia na panorâmica feita de um recuo nostálgico às lembranças do que era (ou foi) e passa a ser, saudosamente, tão melhor.

O trabalho, em si, enquanto isso, como sistema produtivo, estaria mergulhado no dualismo: *quem tem* e *quem* não *o tem:* os flexíveis, os parciais, os temporários, os inseridos-reinseridos, os terceirizados, os tipicamente informais. O núcleo dos *que tem* se endurece. A empresa reservaria uma massa de empregos estáveis (sem estabilidade) para uma minoria de assalariados que se distinguiria e se beneficiaria pela sua formação, que lhe ensejaria inserção e carreira.

Na visão deste 1º Cenário — marcado pelo pessimismo — cresceria, no contexto dessa transição-crise, o número dos "assalariados flexíveis", isto é, daqueles que a empresa convocaria temporariamente para que, com eles, pudesse absorver tropeços ou desafios conjunturais. Seriam os travestidos em "prestadores de serviço" ou "terceiros" ocupados na trajetória da subcontratação. Diluir-se-iam a cultura e o conteúdo tradicional dos vínculos da empresa com seus empregados e o Direito do Trabalho iria, regressivamente, cedendo lugar ou se transfigurando em (arremedo do) Direito Comercial.

A prevalência do trabalho subordinado assegurava (ou só pressupunha?) padrões mínimos — que foram crescentes, a partir do quase nada do início da Revolução Industrial — de segurança no emprego, de participação remuneratória, de garantia da proteção assistencial-previdenciária etc. No cenário ora desenhado, concluir-se-ia que tal modelagem não existiria mais, nem recursos para reerguê-la, seja pelo Estado, seja pelo movimento sindical.

Os sindicatos estariam vivendo um processo de continuado enfraquecimento. A queda numérica e, percentualmente, qualitativa do emprego industrial e a redução do papel do Estado, como gerador de vínculos laborais, ante o questionamento dos regimes públicos de emprego, faria com que o associativismo de empregados diminuísse seu espaço de representatividade, na medida em que cada vez é menor sua abrangência classista.(2)

A individualização das carreiras, a precarização ameaçando empregos, a mutabilidade das relações macroeconômicas retirariam do empregado seu antigo fervor de engajamento na coletividade. Os sindicatos vão sendo muito mais decorrência do que foram, do que alentadoras perspectivas do que possam vir a ser(3). Pensadores radicais, extremados em idéias e análise, concluem, não sem precipitação, que não há horizonte alternativo tranquilizador ou pelo menos esperançoso. Entre a produção segmentada e o emprego, que se estaria dispersando, pulverizado, não haveria projetos saudáveis de transformação social. E concluem: não há (ou não haverá) mais pós-capitalismo porque não se acreditaria no poder de mudar a sociedade, como se entenderia que fosse necessário.

E que faria o Estado, ante tal contexto, para os arquitetos desse cenário? Tendo mudado o trabalho, o mercado do trabalho, no qual se insere e ao qual dá vida e razão de ser, também se transformaria, radicalmente. O Estado, proveniente da Revolução Industrial, democrata e protetor, de Direito e assistencial, cuja missão também era,

(2) Há contraposição a esse argumento, ao apresentar-se o aspecto positivo de que: “Realmente, se por um lado a dispersão geográfica dos funcionários pode dificultar sua união no caso de uma greve, por outro lado, a partir do momento em que estes já tenham iniciado um movimento de paralisação de atividades, essa mesma dispersão dificulta a empresa a conhecer a real dimensão do movimento.” TROPE, Alberto. *Op. cit.*, p. 39.

(3) Dados relativos à França, referem que: “Durante muito tempo, aproximadamente 20% dos assalariados tiveram uma prática sindical mais ou menos formal. Hoje, as últimas pesquisas permitem estimar em 13% da população ativa a porcentagem de sindicalizados. O número de membros nos clubes esportivos é atualmente mais numeroso do que a totalidade dos sindicalizados de todos os lados. Menos de 8% dos estudantes (1985) praticam atividades políticas, sindicais ou religiosas”, e profetiza ao dizer que: “Quanto aos sindicatos, sua vida é cada vez mais difícil. Organizam em todas as circunstâncias um protesto ou uma negociação com vistas a melhorar os salários, as condições de segurança e de trabalho, o tempo livre, etc. e, no entanto, somente insignificantes minorias pagam suas cotas ou fazem manifestações”. DUMAZEDIER, Joffre *in A Revolução Cultural do Tempo Livre*, São Paulo: Studio Nobel: SESC, 1994, p. 151.

por meio do Direito do Trabalho (sua arma pacífica de harmonização social), administrar a relação de emprego, ficaria aquém de sua missão, superado pelas mudanças da contemporaneidade.

Enfrentando (e sofrendo) o crescente custo político-social do desemprego; do, seguidamente, lento crescimento de uma economia engessada e arriscando uma recessão; de limitações orçamentárias disso decorrentes; de taxas de juros extorsivas para, assim, tentar obstaculizar o risco de inflação; do controle de crédito e, por conseqüência, da limitação de investimentos produtivos; de difíceis, porque contundentes, opções em matéria fiscal (constante aumento de carga impositiva), *o Estado atemoriza-se*. Vacilaria ante a hipótese de lançar, criativamente, reformas profundas, que se atrevessem a alterar o quadro do trabalho, ensejando-lhe novas dimensões protetivas, arriscando-se abandoná-lo à deriva de crise econômica impiedosa. Às vezes, portanto, escolheria o caminho mais curto: regulamentaria para desregulamentar. E, se possível, até excluir-se.

É (ou seria), portanto, a desregulamentação que passa (ou passaria) a ser a intervenção principal do Estado, desnaturando — ou, pelo menos, desarticulando — a figura do clássico contrato de trabalho. Seriam os pactos de curta duração, as admissões a tempo parcial, os bancos de horas, as intermediações de empresas prestadoras de serviços. Enfim, a consagração da terceirização, da quarteirização e, sempre que possível, o distanciamento jurídico do trabalhador de quem, finalisticamente, usufruiria de seu serviço. Em síntese, a não-personalização do trabalhador, negando a semente histórica e o *ethos* do trabalho, na modelagem do próprio capitalismo.

Os delineadores do “Cenário do afundamento” asseveram que, com o desemprego em alta, salários estagnados, proteção social em baixa, família moralmente em crise, associativismo em desagregação, investimentos diminuídos com fontes de provisão secas ou contidas, vive-se o *risco de brutal ruptura*. Por causa disso, ou contribuindo para isso, num somatório nefasto, *instâncias de representação* (os tradicionais corpos intermediários identificadores e instrumentalizadores da vontade classista) *e*, por conseqüência, *de negociação* mostram-se, dia a dia, *mais débeis*. Tanto os que nasceram e vivem sob a égide de posições político-ideológicas (modelo europeu), como os que se criaram e se fizeram fortes na linha de um operar pragmático de resultados (padrão anglo-estadunidense) não conseguem renovar-se. Falta-lhes sintonia fina com o novo contingente laboral, que não conjuga suas estratégias históricas, não lhes delega credibilidade, e, por isso, deles não se acerca. Fazem-nos sem força para exercer a tarefa fundamental do sindicalismo produtivo: negociar novas e melhores condições de trabalho.

Se tal é o contexto e negras as reais projeções, o que esperar: o questionamento radical das instituições e valores sobre os quais se assenta o nosso modelo de Estado-República? A negação da protetora identificação nacional no altar de uma nova dimensão, talvez comunitária? Ou também nesta pouco confiar, vendo-a inoculada de um vírus antisocial, transmitido pela globalização? Uma imprevista reviravolta, com a reação do abalado Estado, impondo, autoritária e anacronicamente, uma regulamentação protecionista laboral? Ou o renascer surpreendente de valores articulados e sensíveis que, conduzidos por forças democráticas, permitam um reequilíbrio sócio-econômico-político do quadro produtivo? Talvez um responder de cada uma das indagações, sem responder nenhuma delas, inteiramente.

Enfim, não parece o Cenário 1, com suas dramáticas premonições, pintar, fidedignamente, a realidade e desenhar o amanhã. Não parece também justo exorcizá-lo, por temê-lo, e ocultar nem tão poucas verdades nele contidas.

24. A HIPERCONCORRÊNCIA

Cenário 2 — É a projeção continuada e ilimitada do paroxismo concorrencial; o mercado, com suas exigências competitivas, conduzindo a sociedade pelo caminho do consumir. Em termos econômicos, é a consagração da livre iniciativa, conjugada, obviamente, com um predomínio político de idéias liberais, redutoras, ao mínimo, da ação do Estado, restrito à modelagem técnico-histórica de um Poder Público limitado a distribuir Justiça e assegurar (?) Segurança Pública: "Estado-*gendarme*".[4]

---

(4) "Todas essas características apontam para a fragilização do trabalho originado, entendido como o trabalho industrial do tipo fordista, solidamente fundado em grandes sindicatos e com grande poder de barganha. Em seu lugar vem sendo posto um mercado flexível (externo e interno à empresa), onde não parece haver lugar para conflitos coletivos ou posições ideológicas. Mas a reestruturação capitalista não se dá num contexto neutro, e sim num contexto de resistência por parte dos trabalhadores. A fragilização da posição dos trabalhadores deixa de ser o mero produto de fatores objetivos, para ser a precondição para elevar a lucratividade por meio da intensificação do trabalho. E se há um sentido no desemprego como pressuposto da reestruturação, este é o do enfraquecimento da capacidade de resistência coletiva dos trabalhadores. A ofensiva do capital contra os sindicatos está longe de ser uma "fábula", ela está na base do modelo japonês adotado pelas empresas no Brasil e no resto do mundo. Qualquer manual do "Método de Ohno" (Ver CORIAT, Benjamin. *Pensar pelo avesso: o modelo japonês de trabalho e organização*. Rio de Janeiro: Revan/UFRJ, 1994) mostra como as relações salariais "microcentradas na empresa" constituem a base do controle do capital sobre os trabalhadores. É também a base do sistema de adesão ao novo modo de trabalhar,

Perante as grandes corporações, esse Estado fragilizar-se-ia e se apequenaria no cenário internacional, invadido e cassado pelo poder de transnacionais que se vitaminariam com o tônico da globalização. Nacionalmente, nem se requereria, para tanto, as multinacionais; as grandes empresas domésticas seriam suficientemente fortes para, ante o Estado fraco, ter decisiva influência. No campo laboral, por isso, só lhe caberia recuar e limitar-se a um agir garantidor de políticas (e práticas) *mínimas*, oferecendo e cobrando proteção restrita a patamares bem inferiores (em número e em dimensão) àqueles anteriormente atingidos.

Essa formatação (Cenário 2), que se costuma denominar, simplificadamente, de *"sociedade da hiperconcorrência"* (ou do "cada um por si") levaria, progressivamente, o Governo a não mais querer, nem poder mediar a negociação coletiva. Nela, ele se veria estranho, e a relação que se estabeleceria entre as partes passaria a ser, para o Estado, indiferente, porque *inter allios*. Tenderia, conseqüentemente, a verificar-se uma redução numérica, de força aplicativa e de poder de representação da própria negociação coletiva; não só por não mais tanto dela compartilhar e a ela estimular o Estado, mas, também, porque seu sujeito negociador, o *sindicato*, estaria menos mobilizado, e seria menos mobilizador, face modelagem político-econômica a ele menos receptiva em tal sociedade.

Corolário peculiar do preconizado no Cenário 2 seria o ganhar espaço da contratação individual e de eventuais regulamentações laborais (as "micro regulamentações") empresariais, que se originariam do entendimento setorizado da empresa com sua *comissão interna*, formada de seus trabalhadores, dela empregados. *Seria o ciclo do ajuste de vontades laborais*, que se *iniciara individual*, por adesão — na sua versão primitiva e real — e *passou* à *proteção* minuciosa *oficial*, com imperativas garantias estatais, *evoluindo após para o coletivo*, com interveniência sindical equilibrando forças, e ora *voltando* para a prevalência do *individual;* cerca-se, agora, circunstancialmente, de discretas tutelas do Estado e por eventual proteção da representação empregatícia na empresa (comissão de fábrica, p. ex.). Não seria, propriamente, um retomar obrigações de antes mas, na busca de um justo equilíbrio do social com o econômico, no campo laboral, seria se não um grande passo atrás, uma preocupante estagnação.

---

onde as recompensas são individualizadas e não coletivas, estimulando a competição e a agressividade individual." TEIXEIRA, J. S. Francisco; de OLIVEIRA, Manfredo Araújo (orgs.). Neoliberalismo e reestruturação produtiva: as novas denominações do mundo do trabalho. 2ª ed., São Paulo: Cortez; Fortaleza: Universidade do Ceará, 1998, p. 88.

O *Cenário 2* desenha um mundo ultraliberal, onde se cultuaria e estimularia a concorrência. A fórmula da "economia mista", em que o Estado, sem monopolizar, nem mesmo prevalecer, dividia tarefas e encargos, praticamente submerge. O Poder Público recuaria em todas as suas frentes, abandonando, definitivamente, muitas delas. Livrar-se-ia (ou seria excluído, para ser mais veraz) de suas *funções industriais* — no Brasil, por exemplo, era o majoritário na siderurgia, monopolista na energia elétrica e significativo em exploração das reservas salineiras — *e comerciais* (fecham-se supermercados, vendem-se hotéis, para não falar em macroprivatizações, como a da telefonia). Retirar-se-ia, assim, de uma série de campos da atividade, que passariam (ou voltariam) a ser ocupados pelas forças do mercado, consideradas, pelos defensores mais intransigentes da economia concorrencial, como as únicas capazes, afeitas à batalha da competitividade, de assegurar eficiência na vida econômico-produtiva. O Estado, à luz desses cenaristas (do modelo 2), ocuparia um espaço mínimo da ribalta, cabendo-lhe — talvez, no processo globalizante, como coadjuvante da comunidade em que estiver integrado — ademais de missões de Justiça e de Segurança, a de compartilhar, subsidiando empresas e instituições acadêmicas, da realização continuada de pesquisas, prevalentemente pragmáticas.

No campartimento laboral, reservar-se-ia ao Poder Público o direito-dever de retirar-se discretamente. Cairiam sobre ele (justa, ou injustamente; quem sabe ambas; em diferentes casos, pertinentes?) múltiplas críticas. Em geral, direcionadas a combater o peso exagerado de encargos sobre os salários e, lato senso, o próprio ônus decorrente de funções público-coletivas, conseqüência de obrigações assumidas — e nem sempre refletidas em benefícios para o trabalhador — na alegada proteção social do Estado-Providência. Esse oneroso engenho protecionista, que engrossaria, com altos custos e burocráticos procedimentos, a funcionalidade do Estado, repercutiria em déficits orçamentários, transferir-se-ia, gravosamente, para a equação financeira da empresa, em parte assumindo tais ônus (retirando-lhe competitividade) e, em parte, repassando-os aos preços. Penalizar-se-ia, enfim, o consumidor. Isto é, a sociedade.

Por isso, assim como o excesso incontrolável de água mataria quem, sedento, clamava por ela, também o excesso de proteção (o intervencionismo estatal dominador) poderia matar o emprego, seu aparente protegido.

Tal cenário levaria à divisão do mapa empresarial em três compartimentos: *I) o das grandes empresas,* que convivendo com a inovação tecnológica, seriam competitivas, gerariam lucros, estimulariam, patrocinariam e se beneficiariam de pesquisas; desempenhar-se-iam com alta produtividade, e, por tudo isso, conviveriam bem com a nova organização do trabalho, tornando mais leve sua estrutura, reduzindo seu organograma hierárquico; *II) o das pequenas e médias empresas,* que dependeriam, por fornecedoras ou por consumidoras, em geral, das grandes empresas, por um lado; e do sistema creditício, por outro, para irrigar-lhes o plano de investimento e, às vezes, sua própria manutenção. Enfrentando juros elevados e concorrência impiedosa, seus limitados recursos as obrigariam a adotar uma política de contenção de gastos. Para os assalariados, a conseqüência imediata de tal estratégia implicaria em dispensa ou redução salarial. Ou ambas; *III) as de muito pequeno porte,* chamadas de nômades; atuantes, como regra, no setor terciário. São pouco formais, de funcionamento ágil (daí seu nome: "empresas nômades", também pela variedade de área de atuação), oferecendo, muitas vezes, serviços especializados à grande empresa (p. ex., terceirizando sua contabilidade; respondendo pelo seu *help desk* e assim por diante). Sua chance de êxito ligar-se-ia à sua mobilidade, descobrindo espaços rentáveis ainda não ocupados no mercado e, neles, por sua rápida adequação, inserindo-se. Para tanto, ao lado de ágil perspectiva negocial, de pigmaleônica capacidade adaptativa, precisariam ter um capital humano, não necessariamente numeroso — ao contrário, o usual é a seletividade: poucos e bons — que responderia às exigências desse novo tempo. Como diz *Boissonnat* (*2015: Horizontes do Trabalho e do Emprego*, São Paulo: LTr Editora, 1998, fls. 157): "entre a multimídia e o interativo, o videofone, o fax portátil, o telefone celular, procurai as secretárias, recepcionistas, telefonistas ...; os instrumentos polivalentes eliminam as fronteiras entre o profissional e o privado, entre o escritório e a casa. O espaço não conta mais; o tempo é sempre tempo real de uma ponta à outra do planeta. O velho trabalho por peça, praticado outrora pelos empregados da indústria têxtil, é ressuscitado sob o nome de *trabalho telependular* (o grifo é nosso), que significa trabalho efetuado de uma maneira pontual em domicílio". Enfim, tudo se faz (ou faria) flexível, posto que a segmentação do tecido econômico determinou, de fato, uma recomposição (com desarranjo simultâneo) do tecido social.

A hierarquia das empresas produziria similar desnivelamento no posicionamento e na performance dos agentes do trabalho. Haveria uma valorização classificatória de sua inserção nos regimes sociais, guardando certa analogia — não rigorosa — com a das empresas: *a) num primeiro nível,* assalariados das grandes empresas, ditas dominantes, que seriam, por elas, protegidos, qualificados, satisfatoriamente remunerados. Caracterizar-se-iam como usufrutuários do poder econômico das corporações a que prestariam serviços; cercados de benefícios sociais complementares ou indiretos mas, porque profundamente inseridos na filosofia concorrencial, sua própria estabilidade, muitas vezes, ligar-se-ia ao seu desempenho rentável e/ou ao êxito da empresa no aspecto da lucratividade; *b) num segundo nível,* empregados de empresas *dominadas*, ou seja, das que viveriam na dependência das dominadoras, que lhes ofereceriam serviços, as remunerariam contratualmente e, ao demandar tarefas das dominadas, seriam fonte dos empregos que estas últimas, formalmente, iriam gerar. O pessoal deste nível não teria garantia de emprego em horizonte mais largo e o salário seria pouco elevado ou flutuante. Enfim, a proteção social nelas destinada ao trabalhador não seria prioritária; *c) num terceiro nível,* os excluídos do emprego permanente; os eventuais, que teriam seu trabalho colocado à disposição de um tomador de serviço após o outro, sem a continuidade que lhes retire a marca de eventualidade. Seriam os que teriam de viver, sobretudo, com o que o Estado (mínimo, é bom lembrar) lhes reservaria. Possivelmente, uma renda muito diminuta para assegurar sobrevivência e alguns dispositivos tutelares ligados, de preferência, à higiene e segurança do trabalho e a benefícios previdenciário-assistenciais. Seriam empregos *precários* (ou instáveis), em geral, mas que dariam um retorno indiscutível, por menor que fosse, em termos de utilidade social e remuneração. Com eles, haveria *menos totalmente "excluídos", mas haveria muito mais "precários",* que oscilariam, num *vai e vem infernal,* entre o desemprego e a ocupação transitória; esta, geralmente mal definida, sob a ótica do provisório, sempre recomeçando para não ser concluído.

Em síntese, o desemprego — em certas franjas ocupacionais (grandes empresas p. ex.) e por ciclos — até diminuiria, mas a pobreza, na sociedade, aumentaria, crescendo as preocupantes desigualdades, instigadoras do não-conformismo. A coesão social ver-se-ia atingida por crise de identidade e impedimento de viabilização, posto que a hierarquia dos regimes sociais determinaria, forçosamente, representações e vivências muito diferenciadas do trabalho: idílico, no ápice; indefinido, por inquietante e inseguro, na base.

Os *assalariados* do *primeiro nível* — em número apreciável no 1º Mundo; poucos, entre os emergentes; e, praticamente inexistentes, entre os rigorosamente subdesenvolvidos — ocupariam as essenciais funções superiores e investiriam em qualificação, porque acreditariam no seu trabalho e dependeriam de sua eficiência para preservá-lo — como emprego — com todas as benesses decorrentes. Seriam os que liderariam com a criatividade como traço distintivo de sua hierarquia; aspirariam semanas de quatro dias e fariam planos de aproveitamento do tempo livre. *Os do segundo nível* achar-se-iam sob a tutela de regimes bem menos confortáveis e não estariam centrando suas inquietações no binômio tempo-renda, posto que antes de aspirar o uso de um tempo livre precisariam equacionar fórmula salarial que lhes fosse minimamente satisfatória. Pendentes de uma política de mais proteção ao trabalho, sentiriam limitado seu poder aquisitivo e se julgariam vítimas de um Estado-Providência que teria deixado de sê-lo, demitindo-se de tal função. *No terceiro nível,* circulariam os eventuais, desencorajados pela mera transitoriedade de seus liames laborais. O trabalho, para eles, deixaria de significar um vínculo e sequer uma identificação pessoal. *Há quem alerte*, ante o crescimento de tal agrupamento — que se poderia multiplicar na plenitude deste Cenário — *para o risco* de desvios incontroláveis de comportamento, induzidos pelo desemprego massivo, que levaria à economia clandestina, à violência, à droga etc. Haveria temor de que, empobrecendo e inoportunizando laboralmente contingentes expressivos, o modelo (Cenário 2) desembocaria na progressão da marginalidade delinqüente; enfim, da fragmentação da sociedade.

Fica o alerta: entre, de *um lado*, a lucrativa perspectiva da *voraz* competição, a busca da eficiência pela eficiência, o prêmio à criatividade, o reconhecimento à qualificação, num Estado mínimo, e, *de outro*, nele também, por conseqüência, o multiplicar dos desempregados, o desestimular de vocações, o fechar das muitas empresas porque menores, o tornar insegura a economia familiar, o retirar do Estado o dever assistencial, *haveria que se reconhecer a* ocorrência de grande perigo. A sociedade será mais rica quando, valorizando a criação, não concentrar, em alguns, suas benesses, muitas vezes geradas por carências de muitos. *Entre o Estado onipresente* e *todo-poderoso* e o *mínimo/omisso, talvez o Estado necessário* seria capaz de preservar proteções que não engessassem nem burocratizassem mas que impedissem a condenação, pelo desequilíbrio, à miséria e à desesperança, atalho célere para o caos social. Há, no entanto, flagrante dificuldade para que se alcance tal ponto de equilíbrio, quando se lida com a realidade quotidiana.[5]

---

(5) A Organização Internacional do Trabalho prevê a obrigação de participação do Estado na política de empregos, quando menciona: "Com relação às agências de emprego, a Convenção n. 88 da OIT, que trata da Organização do Serviço de Emprego ratificada pelo Brasil, estabelece que cada país membro deve manter um sistema público e gratuito de emprego, formado por uma rede de escritórios locais ou regionais, devendo contar com a participação de entidades representativas dos empresários e trabalhadores, e tendo como principais atribuições: intermediar os trabalhadores na busca de

25. TEMPO DE ADAPTAÇÃO

Cenário 3 — A globalização contemporânea é a versão, plena de intimidade, da internacionalização, graças à qual o planeta se apresenta como uma corrente de produção, bastante entrosada, gerando sucessivo valor agregado. Nela, forças econômicas nacionais tentam se integrar da melhor maneira possível. São fábricas, escritórios, serviços. Fundamental é compartilhar dessa cadeia de elos nem sempre homogêneos mas necessariamente interligados.

Tal processo, ao mesmo tempo que articula essas forças, as estimula à batalha concorrencial. O comércio além-fronteiras é caótico. A própria Organização Mundial do Comércio (OMC) vê-se em dificuldade para elaborar e fazer cumprir suas normas reguladoras. Os países mais poderosos — academicamente defensores da liberdade comercial e das fronteiras abertas — quando conveniente, lançam mão de medidas protecionistas que lhes sejam favoráveis. Partícipes importantes do quadro econômico internacional, os papéis financeiros, incertos mas desejados, marcam presença na relação hodierna da economia mundial, causando preocupações, posto que a internacionalização dos títulos, girando somas reais ou virtuais astronômicas, volatiliza garantias e planos, acrescendo o grau de risco.

Essa refrega econômica, célere e volumosa, as mudanças de posicionamentos reais e virtuais, por ela determinadas, juntamente com as exigências de renovação tecnológica cobradas pela obrigação de concorrer, conduzem à *inovação*. Por isso, as conquistas da informação, lato senso, fazem a produção tornar-se mais inteligente, transformando, especialmente no 1º Mundo, as fábricas em *oficinas flexíveis automatizadas*. Forma-se um bloco inteligente máquina-oficina-produto capaz de realizar tarefas diferenciadas e submissas à demanda. Surge uma estratégia — eventualmente adotada — em que as grandes empresas se subdividem em pequenas unidades autônomas, ligadas em rede, cobrindo desde a pesquisa/planejamento até o trinômio *marketing*/venda/distribuição.

Essa nova — ou inovadora — concepção do sistema de produção geraria empregos *a montante*, porque não poderia prescindir de

---

emprego; orientar e propiciar formação ou readaptação profissional; recolher e coletar sistematicamente informações sobre o mercado de trabalho; colaborar para a administração do seguro-desemprego e de outras medidas destinadas a amparar os desempregados." VALLE, Beatrice, no artigo "Políticas de mercado de trabalho no Brasil: a experiência do Proger" que faz parte do livro *Reforma do Estado e Políticas de Emprego no Brasil*, op. cit., p. 229.

idealizadores qualificados (criativos operacionais), habilitados, por sensibilidade e conhecimento, a ajustar sua arte de ser novos ao espírito de adaptação, que os faça assimiláveis. Geraria também *empregos a jusante,* de serviço, destinados a viabilizar a execução, em especial, de tarefas-meio (segurança, manutenção, assessoria), que, inclusive, os formalizariam no plano periférico da terceirização.

Tal modelo de empregabilidade intensa — se não plena — não é sonho; mas, para ser realidade, dependerá da expressão quantitativa e da intensidade da *demanda*. Esta, por sua vez, ver-se-á, mais ou menos, tonificada, em razão do *consumo*.

Diferentes circunstâncias poderão elevá-lo. O "efeito tempo", fruto de modificações na habitualidade dos ritmos de vida e trabalho, abrindo oportunidade para o surgimento de novas necessidades; o tempo livre do trabalho acentua sempre a demanda de lazeres e de cuidados, e uns e outros se satisfazem pelo consumo ou uso de bens e serviços. Recorde-se que os aposentados, com o aumento da vitalidade e o alongamento da longevidade, por exemplo, não são mais velhos, economicamente anulados. São consumidores, demandando bens e serviços para sua satisfação, compatível com o novo "efeito idade", na classificação conceitual de *Gorz* (A.GORZ, *Metamorphoses du Travail*, Paris: Galileé, 1988). Um terceiro efeito — o dos "costumes" — estaria a impelir o consumo, na medida em que, alterado e diversificado o quadro tradicional da família, aumentariam e se fariam peculiares as demandas por moradias, móveis, eletrodomésticos, agregando transações no mercado, capazes de impactá-lo.

Numa espécie de previsão — muito otimista, porém ... — do êxito dessa demanda/consumo, fala-se na conseqüente elevação do salário, sob a forma de ganhos de produtividade. Estes, em mãos de empregado, acresceriam seu poder aquisitivo, alicerçando sua pretensão de maior demanda, ensejando acréscimo de consumo. Daí recomeçaria a roda viva gratificante do que *Gorz* chama de 'efeito valor agregado'.

Por esse raciocínio, concluir-se-ia que a produtividade seria significativa. Não só a reservada ao capital e dele decorrente, mas também, e particularmente, a do trabalho. Não se haveria de esquecer que a verdadeira riqueza seria o homem, como se afirmava no passado. A assertiva se manteria aplicável à atualidade, com a produção, pelo emprego da tecnologia, tornando-se inteligente. A produtividade se construiria pela educação pragmática que qualificaria e especializaria, pelas racionais reformas organizacionais, pelo bom desempenho dos agentes humanos no produzir, pilotando, com destreza, o instrumental tecnológico que, com eles, interagiria.[6]

A volta da produtividade — ocorrendo significativamente — estimularia a recomposição dos critérios distributivos de resultados do empreendimento, acentuando o peso do trabalho. Com isso, haveria a perspectiva de crescer dos salários, como também se asseguraria indiretamente o financiamento dos investimentos produtivos e se sustentaria o poder aquisitivo, responsável pela continuidade da demanda.

De qualquer maneira, para que não se fique embalado apenas em sonhos paradisíacos, há de se registrar que a formatação, antes exposta, levaria a um grau de crescimento elevado. Isso, a princípio, no *plano teórico*. Na prática, tal mudança demandaria tempo e as mutações a ela inerentes deveriam relacionar-se com os efeitos e características de ciclos econômicos, superando eventuais transtornos, ante contragolpes ditados por medidas protecionistas.

Acredita-se, com otimismo e confiança, que a produtividade não mata o emprego; o que ela faz é reduzir a quantidade de trabalho a utilizar-se para ultimar dada produção. Com isso, cria (ou criaria) um excedente de riquezas que atenderia (ou deverá atender) novas necessidades e, portanto, ensejar a criação de novos empregos, *com o tempo. Depois.* Esse diferimento, essa postergação da aguardada resposta social, estaria gerando a inquietação dos menos crédulos.

Não resta dúvida de que esse *Cenário (n. 3)* embasa-se na *adaptação*, cuja explicitação se faria pela mudança social. Já se disse que a flexibilidade das máquinas, das oficinas requeria a flexibilidade das equipes, como alude, minuciosamente, *Schwartz* (B. SCHWARTZ, *Moderniser sans exclure*, Paris: la Découverte, 1994). Apoiou-se, durante muitos anos, na regulamentação, e, de certo modo, na oferta do trabalho, especialmente assalariado, seu modelo mais expressivo. Enquanto isso e por isso, o Estado buscou adaptar-se, ao mesmo tempo em que a demanda evoluía. Com tais antecedentes e condicionantes, a sociedade foi mudando.

Com a nova estruturação do processo produtivo e a flexibilização geral sobreveio a necessidade de rever as normas clássicas

---

(6) "O funcionário será cobrado apenas em função dos resultados atingidos pelo trabalho realizado, e não em função de sua presença no ambiente físico da empresa. Muitas vezes o fato de o empregado estar fisicamente na empresa se sobrepõe a seus resultados". TROPE, Alberto. *Op. cit.*, p. 25.

(leis, códigos etc.) do trabalho. Em vez de uma desregulamentação geral ou de derrogações em cascata, o Estado estaria buscando a fórmula não-radical, a *adaptação*.

Disso decorrem conseqüências vitais: *as três idades da vida* — educação, profissão e repouso — *se misturam e se confundem*. Não há mais tempo para cada um, como no Eclesiastes, mas, doravante, tempo para tudo, talvez por 3 (três) razões:

a) a primeira delas é que o Estado, fazendo as vezes de fiador, continua no eixo da negociação social;

b) a segunda, porque o contexto se fez mais habilitado a criar empregos, graças a uma nova demanda de serviços mercantis (ou mesmo não mercantis), que implicaria em diminuição do desemprego;

c) a terceira assegura que a flexibilidade e a evolução dos costumes determinam uma grande diversificação das situações pessoais. De qualquer maneira, o trabalho manteve-se ainda como a modalidade privilegiada de integração social e a empresa, seu local de inserção, mas não tem eles, nem um nem o outro, o monopólio da ancoragem social.

O trabalho, seguramente, é mais realizador, mas a *demanda de tempo* "fora do trabalho" *continuaria crescente*. Tempo parcial, reduzido, diferenciado, de qualquer maneira o tempo contratado de trabalho seria um meio de organização sócio-pessoal; um instrumento de ordenamento e equilíbrio de vida; uma referência na articulação entre o profissional, o familiar e o social. No entanto, o envolvimento do homem por inteiro (corpo e alma) numa carreira não seria mais o usual. Quase inadmissível. Haveria os crentes em uma via possível, paralela — alguns pensam que possa chegar a ser alternativa — à do trabalho. *Albert Camus* dizia que "quando o trabalho não tem alma, a vida se asfixia e morre". Enfim, o cultuar o desempenho laboral em si não elidiria a realização no próprio sindicalismo, nas artes, na política etc.

Nesse contexto — previsto e proposto no Cenário 3 — a angústia da escassez do emprego se desfaria (ou, pelo menos, se atenuaria); o elo social constituído pela via laboral limitar-se-ia sem desaparecer e se teria a convicção (melhor, a esperança) de que a inquietação face ao futuro profissional poderia dissipar-se. Seria a competição econômica ilimitada e estimulada gerando espaços de atenção e proteção sociais (emprego). Otimistamente, possível. Na prática, paradoxal, para uns; inviável, para os céticos.

26. A COOPERAÇÃO

Cenário 4 — É o sonho de um tempo produtivo, justo e pacífico. Triunfo da colaboração, na medida em que diferentes operadores (empreendedores e subordinados) agiriam no mesmo sentido. Guardar-se-ia hierarquia, não rígida, mas haveria dinamismo e co-participação genérica. Uma brisa de cooperação atravessaria fronteiras e o mundo, após tantas hecatombes e percalços, danos e vítimas, se disporia a reorganizar-se sob o manto do entendimento. Reformular-se-ia a ordem pública e ajustar-se-ia o compromisso social, visando a que o sistema produtivo transforme-se, positivamente, sem pressa demasiada mas sem pausa estagnadora, buscando boa performance global. Nesse planejar (ou, quimericamente, sonhar) o novo tempo, estaria a capacidade de construir, progressiva e universalmente, um crescimento econômico, não só sensível, como ininterrupto.

Haveria, depois de tantos turbilhões monetários (que sacudiram o mundo, particularmente no final do século passado e no alvorecer do novo milênio), um retorno à calma e um refrear concorrencial. O futuro tornar-se-ia mais visível e bastante previsível. Dinamizar-se-iam, saudavelmente, novas relações, com a admissão, no clube das influentes participações, dos há pouco chegados da Ásia, da Europa Oriental, da América Latina e do próprio Magreb. A Organização Mundial do Comércio, nesse ínterim, daria sinais de vitalidade normativa, enquanto produção e comércio ganhariam especial solidez, conduzidas pelos ascendentes blocos regionais, através dos quais passaria a proposta de uma nova ordem econômica (monetária, inclusive) mundial.

Surgiria um novo horizonte, com o fim da ditadura dos dominadores do mercado e dos manipuladores das "induzidas variáveis" financeiras, particularmente monetárias.

Substituir-se-iam as já monótonas — porque repetidas — declarações de boas intenções, produzidas a cada reunião da cúpula, por sistemas concretos de apoio (incentivos, estímulos) destinados a possibilitar, a países e a regiões menos aquinhoadas, boas perspectivas; enfim, tratar-se-ia de encurtar diferenças e fortalecer normas comuns, que, destinando espaço a todos, poriam cada um no lugar do *ranking* à altura de sua ascendente possibilidade.

Enquanto isso, e por causa e efeito disso, o sistema produtivo daria claros sinais de recuperação e vitalidade. Tenderia a refazer-se, instrumentalizado por acordos, redes e parcerias. Pela lei dos mais fortes, os grandes continuariam a ser maiores, porque mais produtivos e, obviamente, mais ricos; mas os menores, trabalhando em rede, teriam seu espaço, cooperando com os pólos centrais, a quem seriam úteis (como afluentes contributivos), e de quem retirariam alento vivificador. Haveria mais parcerias, por força do desabrochar de empregos "tipo artesanal", tanto na indústria quanto nos serviços, desenvolvendo atividades variadas e de diferentes níveis de exigência qualificadora; com isso, estariam a criar-se ocupações, até com limitados ganhos de produtividade, mas de evidente qualificação social.

Esses mecanismos de cooperação na esfera do resultado (aprimoramento da competência) e as decorrentes transferências de produtividade assegurariam a integração das atividades. O Estado cooperaria na faixa de sua efetiva jurisdição, contribuindo para elevar patamares de performance global; caber-lhe-ia encorajar e amparar inovações tecnológicas e, mesmo num mundo ainda concorrencial, incentivar, nos espaços possíveis, a cooperação criativa entre empreendedores.

Se tal puder concretizar-se — e os seus defensores nisso crêem — em termos de *cooperação* e precoce inovação para *as* empresas, acreditar-se-ia que também caberia aplicar-se ou *estender-se* aos *empregados*. Destarte, o que se poderia intitular de "saudáveis transformações" alcançaria, no plano laboral, o ambiente físico, a organização gerencial, os postos e suas atribuições, as pessoas enfim[(7)]. Seria a recomposição (ou o redesenhar) do trabalho.

Uma nova visão do próprio homem (um recomposto ou reeducado *homo faber?)* se imporia por força da (e ante a) nova organização do trabalho. A sociedade deixaria de ver o assalariado como um custo, respeitando-o como um potencial fator de enriquecimento. Tratar-se-ia de agilizar a harmonia no binômio da sobrevivência mecânico-humana, técnico-sensível: para a máquina inteligente, operador inteligente. Se não seu dominador, pelo menos seu parceiro; não seu submisso dependente.

---

(7) "Nesse quadro complexo, têm ocorrido experiências das mais interessantes, que buscam aliar os princípios do Welfare State com a nova realidade social e econômica, mesclando políticas ativas e passivas, buscando criar políticas de menor custo, com padrões de eficiência e eficácia mensuráveis e apoiados na solidariedade. Na execução, não está só o Estado, mas também organizações da própria sociedade civil, ONGs, instituições religiosas, sociais e toda a gama de institutos que vêm sendo chamados de terceiro setor ou setor público não estatal. Embora muitas dessas experiências tenham resultado em ações desconexas, com baixa eficiência e atravessadas por interesses corporativos, esses são os marcos em que atuamos hoje". (*Reforma do Estado e Políticas de emprego no Brasil*, *op. cit.*, p. 197) RIBEIRO GUIMARÃES, Ivan G., no artigo "Avaliação geral dos programas de geração de emprego e renda".

A empresa não se apequenaria ante a preocupação centralizada com o custo microeconômico e com o balanço recente e de prazo limitado (trimestral, por exemplo). Diferente do que seria o antes, quando se tratava de corrida empresarial *in extremis* a fatias do mercado, e a "morte do concorrente" era um sintoma do "meu êxito", no mundo novo, cooperativo e pacífico, seria necessário ver mais longe e crescer, não pela derrota alheia, mas pela criação de novas soluções que, muitas vezes, se articulariam em parceria com esse próprio concorrente. O mercado não seria olhado com a cupidez do possessivo mas com a visão do condomínio associativo, do desfrutar solidário.

A recomposição do trabalho — e, com ela, da empresa e dos seus operadores — seria possível (realizável, e não simplesmente idílica) porque, pela primeira vez, em muito tempo, estariam a encontrar-se, articuladas, a oferta e a demanda, escrevendo a partitura perfeita do produzir e do consumir.

De fato, a demanda do trabalho apresentaria novo perfil. Os indivíduos, evidentemente, não teriam todos as mesmas expectativas no mesmo momento. Decairiam, ante os novos valores e conceitos, os últimos resquícios da primitiva idéia do *trabalho-mercadoria*. Passaria, cada vez mais, a ser reconhecido e identificado como instrumento de renda e, sobretudo, elo social. Sua hierarquização, fazendo-o mais valioso, não seria, obviamente, uniforme, nem de precisa contemporaneidade. Poderia, face à influência de diversos fatores, variar no tempo e no espaço.

Enfim, o que se desenharia, permanecendo constante, pela sua essencialidade, seria a *economia solidária*, com os atores econômicos assegurando desenvolvimento, pelo seu direito-dever de participar, sempre de forma cooperativa.

A "economia solidária" contribuiria para construir uma cidadania que se reencontraria, ou não se perderia, mesmo para aqueles que, desempregados ou subdesempregados, estariam em dificuldades no contexto sócio-econômico. Não seria solução total, mas amparo valioso, também para eles.

Muitas vezes não chegaria a ser suficiente. Procedimentos locais e momentâneos, de natureza criativa, teriam de ser aplicados, variando no mapa das circunstâncias.

Tal solidariedade ocorreria sem limites geográficos. Teria de ser valor transcendente: local, nacional, comunitário. Aspiradamente, universal. O Estado, não sendo o impositivo de tempos autárquicos, haveria de fazer seu papel, não estelar, mas indispensável. Assim, desenhar-se-ia — algum dia; talvez nunca — esse cenário de sociedade que uniria o fraterno com o produtivo; para alguns céticos, por isso, com o inatingível?!

A fórmula, no hoje como hoje, muito mais desejo do que perspectiva concretizável. Mudando o imediatismo do horizonte humano, quem sabe ...

CAPÍTULO VI

O TRÂNSITO PARA "ESSE" DEPOIS

A cenarização de um mundo futuro, apresentada anteriormente e inspirada no "Grupo Prospectiva do Trabalho e do Emprego no Horizonte 2015", tendo como Comissário Geral e Relator *René Mabit* e sob a presidência de *Jean Boissonnat*, na França, não elide outras projeções, também acadêmicas; sobretudo, ensaios referentes a momentos de transição, daqui para o amanhã. *Ulrich Beck*, recolhendo variadas alternativas, as reúne em pelo menos dez *panoramas*, às vezes, dos "cenários", até repetitivos ou muito discretamente diferenciados (BECK, Ulrich. *Un nuevo mundo feliz*, Barcelona: Paidós, 2000). Ei-los, em nossa visão crítico-sintética:

27. PANORAMA 1 — A SOCIEDADE DO SABER

Partindo da presunção, bastante comprovável, por sinal, de que as alterações societárias(1) mais profundas, sempre tiveram correlação (causa básica e/ou efeito significativo) econômica, afirma-se que, regra geral, tais mudanças ensejaram um processo pendular de *reduzir* e, *depois*, *aumentar* as oportunidades de trabalho.(2)

Tal mecânica de sístole e diástole laborais teria acontecido ao se passar do predomínio agro-pastoril para a indústria e se teria (?)

---

(1) A sociedade contemporânea é apresentada não apenas como pós-industrial ou pós-moderna, mas como uma sociedade do pós-trabalho. A centralidade das atividades laborais, como definidoras da construção identitária, da dinâmica econômica e do conteúdo das relações sociais chega a ser negada. CATTANI, Antonio David. *Trabalho e Autonomia,* Petrópolis: Vozes, 1996, p. 90.

(2) As novas tecnologias e as novas formas de gestão mudam em profundidade os quadros de trabalho, as identidades e as relações profissionais, ampliando as desigualdades. De um lado definem-se grupos minoritários, com garantias contratuais, estabilidade, planos de carreira, bons salários etc. De outro, massas crescentes de subempregos, de profissões desqualificadas, desprestigiadas e mal remuneradas. CATTANI, Antonio David. *Trabalho e Autonomia Petrópolis*: Vozes, 1996, p. 30.

repetido, ao transferir-se a primazia desta última (a indústria) para o setor de serviços[(3)]. Nesse particular, formula-se óbvio questionamento: será que ante o desmonte ocupacional de setores anteriormente intensivos de mão-de-obra (metalurgia, siderurgia, fiação e tecelagem etc), invadidos pela automatização, a tese lograria prevalecer? O que se está alegando — com dubitativa expectativa — é que, mesmo com quedas e inquietudes, estas seriam transitórias e haveria luz no fim do túnel. O *saber*[(4)] passaria a ser (ou já é?) a fonte de riqueza social (e, muitas vezes, econômica), por excelência, superando o trabalho nesse mister. Os trabalhadores do saber — como identificá-los, na medida em que quase todos operam em áreas onde o intelectual, se não supera, pelo menos equipara-se ao físico? — viriam a ser categoria *privilegiada*.

A tese suscita discussões, posto que os menos esperançosos alegam que a *nova transformação* (a do refino tecnológico criativo), pela qual estaríamos passando, diferentemente das anteriores, *não* geraria, *de per si*, um *novo setor*. Seria, isto sim, habilitadora de acréscimos de produtividade, não neste ou naquele, mas praticamente em todos os setores onde é utilizada. O saber, em especial na contemporaneidade, pragmaticamente utilizado, é fonte de produtividade; de controle e geração de processos produtivos de alto valor agregado. Além do mais, na estratégia da progressiva redução de custos, para ensejar competitividade, é fator determinante a robotização, suprimindo instâncias e dispensando gestores, tanto quando se tem como objetivo final bens ou serviços. Essa panorâmica, identificada como a de transição da sociedade do trabalho[(5)]

---

(3) "Passamos da produção de bens, típica da sociedade industrial, para a produção de serviços, típica da sociedade pós-industrial" DE MASI, Domenico. *A sociedade pós-industrial*. Tradução de Anna Maria Capovilla. 3ª ed. São Paulo: Senac, 2000, p. 33.

(4) A mudança contemporânea de paradigma pode ser vista como uma transferência de tecnologia baseada principalmente em insumos baratos de energia para uma outra que se baseia predominantemente em insumos baratos de informação derivados do avanço da tecnologia em microeletrônica e telecomunicações. CASTELLS, Manuel. *A sociedade em rede: A era da informação: economia, sociedade e cultura*. Tradução de Roneide Venâncio Majer. 4ª ed. São Paulo: Paz e Terra, 1999, v. 1, p.77.

(5) A expressão sociedade do trabalho, foi cunhada por *Darendorf*, aparecendo constantemente nas construções teóricas como fato social fundamental. Nesse sentido: "Aliás, a presença maciça do não-trabalho, num espaço crescente, tanto em face do desemprego, como diante da redução da jornada de trabalho, máxime diante da manutenção da produtividade almejada pelo conjunto capitalista, desponta para o requestionamento do trabalho como epicentro da sociedade pós-moderna". OFFE, Clauss. *Trabalho & Sociedade: problemas estruturais e perspectivas para o futuro da sociedade do trabalho*. Tradução de Gustavo Bayer e Margit Martincic. Rio de Janeiro: Tempo Brasileiro, 1989, p. 13.

para a do saber, deixa mais dúvidas do que certezas, no que concerne à ocupação humana no amanhã; e mais certezas do que dúvidas, no pertinente ao aumento da produtividade.

28. PANORAMA 2 — A INDÚSTRIA DO AMANHÃ

A conjugação, via informática e eletrônica, da celeridade da informação com sua distribuição genérica, pela capacidade disseminadora da comunicação social, permitiria acelerar a produtividade, sem o necessário envolvimento de massa laboral, fazendo saber, *urbe et orbi* desse resultado, economicamente estimulante, filho direto da tecnologia. Desde 1970 — na crise do petróleo — os países europeus ocidentais (mesmo os mais prósperos à época, como a Alemanha) começaram a sentir prenúncios da redução do índice de emprego ante um volume constante de capital investido. Daí, para a atualidade, os números — quer nos integrantes do grupo do Primeiro Mundo, quer nos demais — mostraram-se, salvo esporádicas situações que não alteram nem a regra, nem a tendência, sempre de preocupante progressividade do desemprego. Disso, para a perturbação política (risco à sociedade democrática), não há muito a andar. Impõe-se, pois, o pensar em conceitos inovadores de "trabalho" e "emprego"; mais que isso, buscar um novo enquadramento para seus exercentes. Isso passa por nova visualização da própria organização e fim da empresa, ademais de um novo autoenfoque da sociedade, de quem se exigiria rediscussão de seus valores básicos.(6)

As empresas, premidas pela concorrência desenfreada, necessitam reduzir custos e preços, para competir e sobreviver. A perspectiva do lucro está (ou estaria) no diferencial preço/custo (onde um fator redutível seria a minimização da força de trabalho, geradora do desemprego, às vezes coletivo). Esse encadeamento, humanamente cruel e economicamente lógico, conduz à constatação — não como regra permanente mas como situação, majoritariamente comprovável — de que as máquinas são (ou seriam) mais eficientes que as pessoas. E, por isso, estas poderiam ser descartáveis. Daí, *Rifkin* assinala que a era *industrial* foi o fim da escravidão e a *era*

---

(6) Articulação e difusão simultânea de um poderoso *cluster* de inovações, baseado em novas tecnologias de impacto abrangente, sobre o conjunto das estruturas industriais das principais economias capitalistas, além de lançarem as bases de um novo paradigma tecnológico, configuram as transformações que caracterizam uma verdadeira Terceira Revolução Industrial, que também apontaria para uma transformação no mundo do Trabalho. COUTINHO, Luciano. "A terceira revolução industrial e tecnológicas: grandes tendências de mudanças". *Economia e Sociedade*, Campinas, n.1, p. 70, 1992.

informática(7) será a do fim do trabalho massivo e do emprego generalizado (RIFKIN, Jeremy. *El fin del Trabajo*, Barcelona: Paidós, 2000). Para ele, acompanhado por *Huntington*, no porvir, as fábricas não terão gente e, sem paisagem humana, transformar-se-ão em meras empresas virtuais; como no célebre exemplo, da "indústria do amanha", onde só existiria o polivalente *minimicrocomputador*, altamente programado para tudo fazer e comandar, o *cão* feroz que impediria o homem de tocar no computador e *o homem só* para dar de comer ao cachorro (HUNTINGTON, Samuel. *El choque de civilizaciones*, Barcelona: Paidós, 2001).

A questão levantada para os que, como eles, vêem a possibilidade, no futuro, de um exarcebado capitalismo, sem feição humana (sem trabalhadores), é como ficarão, nesse porvir, a sociedade democrática, a liberdade, a segurança social, se é que sobreviverão? Além disso, com empresas tão produtivas, abarrotando de produtos o mercado, de onde sairia o alto poder aquisitivo — e a massa de seus detentores — se a tecnologia dispensaria empregados, de cujo salário sai, usualmente, o poder de compra socializado e múltiplo?

29. PANORAMA 3 — A GLOBALIZAÇÃO E A TERRITORIALIDADE DO TRABALHO

Este tempo de transição proporia, originariamente, uma indagação: será a Globalização um fato (ou, mais que isso, um processo) de conseqüências idênticas ou, pelo menos, similares para o capital e para o trabalho? Haveria, por sua decorrência, a criação de um efetivo "mercado global de trabalho", com acesso simplificado para os que demandam uma ocupação? Graças à globalização e seu efeito de, pelo vetor célere da economia, transpor fronteiras, ocorreria a concreta possibilidade de os agentes do trabalho moverem-se com a mesma facilidade e indução atrativa dos *"financial flows"?* Ou as pessoas teriam de enfrentar obstáculos cuja transposição às vezes seria difícil? Noutras, impossível?

O que, hoje, se constata são as correntes do Capital (muitas vezes, volátil, transitório, não produtivo) vitimando países então

---

(7) "Enquanto as primeiras tecnologias industriais substituíram a força física do trabalho humano, trocando a força muscular por máquinas, as novas tecnologias baseadas no computador prometem substituir a própria mente humana, colocando máquinas inteligentes no lugar dos seres humanos em toda a escala da atividade econômica. As implicações são profundas e de longo alcance". RIFKIN, Jeremy. *O fim dos empregos: o declínio inevitável dos níveis de emprego e a redução da força global de trabalho.* Tradução de Ruth Gabriela Bahr. São Paulo: Makron Books, 1995, p. 5.

dependentes, como nas crises asiática, russa, mexicana, brasileira, entre outras. Mover-se-iam eletronicamente, alcançando lucros reais (usualmente fantásticos) por meio de ações virtuais.

Enquanto isso, a mobilidade dos trabalhadores[(8)] — pessoas, e não simples números, que são — dependeria dos laços de família (seus impedimentos, compromissos, estímulos e sentimentos); dos valores e padrões culturais, tantas vezes muito arraigados e não degradáveis com um mero deslocamento físico e uma vantagem econômica, nem sempre apreciável; da identificação com normas legais; da vivência cidadã com uma realidade política, tanto mais consciente e vinculante quanto maior sua educação cívica e comunitária participação; das regras societárias de convivência, de padrões educacionais, da segurança pública etc etc. Isso para não referir um aspecto essencial: a receptividade dos nacionais do país-destino, sua disponibilidade de aceitação do migrante, o não discriminá-lo, juntando a perspectiva de uma oportunidade nova e melhor às reais condições de efetivá-la. São os tantos itens que se exigem para que a migração não seja, apenas, o caminho da aventura de muitos, o insucesso sofrido da maioria e o êxito de uns poucos que fizeram com que ela, durante algum tempo, se reduzisse, cessando (ou diminuindo) os fluxos de traslado coletivo, que tantos os tivemos, quer (e principalmente) no século XIX e ainda em boa parte do século XX.

Apesar da constatação fácil de que o *resultado*, sobretudo, do *trabalho*, marcadamente influenciado por tecnologia contemporânea, é *transnacional* (ou seja, se encontra e se comercializa, inserido em produtos de circulação supranacional) e *certos trabalhadores* (minoria altamente qualificada dos criativos, dos operadores de equipamentos sofisticados e gestores de primeira linha executiva) *são móveis* — supranacionais no seu destino domiciliar laboral — a *regra geral do* trabalho e, conseqüentemente, *para o trabalhador, ainda é local.*

---

(8) "Quanto ao modelo inédito que se instala sob o signo da cibernética, da automação, das tecnologias revolucionárias que agora exerce o poder, este parece ter-se desviado, isolado as zonas de estanques, quase esotéricas. Não está mais em sincronia conosco. E, bem entendido, sem vínculo verdadeiro com o mundo do trabalho, que ele não usa mais e considera, quando consegue entrevê-lo, um parasita irritante marcado pelas suas paixões, confusões, seus desastres incômodos, sua racional obstinação em pretender existir. Sua pouca utilidade. Sua pouca resistência, seu caráter benigno. Suas renúncias e sua inocuidade, por estar preso nos vestígios de uma sociedade onde suas funções foram abolidas. FORRESTER, Viviane. *O horror econômico*. Tradução de Álvaro Lorencini. 4ª ed. São Paulo: Unesp, 1997, p. 25.

Essa predominante vinculação do trabalho — e de seu operador, o trabalhador — a uma *limitação territorial* definida coloca em desvantagem, *No Atual Panorama* (visão n. 3), o aspecto social na repartição dos riscos societários decorrentes da globalização.

A capacidade de deslocar-se, com grande velocidade, do "capital de cassino", como alguns denominam as aplicações com raízes nos fluxos especulativos, ajudou a que se desestabilizassem equações econômico-financeiras nacionais, como as asiáticas, a mexicana, a brasileira (sobretudo, os sistemas bancários) e se agudizasse o drama do multicombalido modelo argentino. O entra-e-sai (aquele, onerosíssimo; este último, rapidíssimo) desses fluxos financeiros migrantes e gravosos determina instabilidade no sistema produtivo, compromissos com altas taxas de juros, redução no investimento produtivo e, conseqüentemente, *desemprego*. O *trabalhador* — dependente do emprego e do salário — normalmente *pobre*, particularmente nos países destinatários do ágil capital especulativo, ficará *mais pobre*, enquanto se fragiliza, ao seu lado, empobrecendo, a classe média.

As crises financeiras circulantes, apoiadas *na* (e/ou facilitadas pela) globalização, têm força social explosiva, corroendo burocracias estatais aparentemente estáveis, desestruturando políticas nacionais tradicionais, gerando sufocantes cargas tributárias, desviando, enfim, — pelos compromissos com juros externos — a prioridade dos investimentos sociais. Não há dúvida que o aporte de capital internacional, em padrões aceitáveis e, particularmente, quando subsidiando projetos e/ou programas (nacionais e/ou estrangeiros) de produção, é socialmente recomendável, e economicamente indispensável. Os especulativos porém, morfina calmante no desespero da crise, viciam na dependência e levam, por atalho curto, ao risco iminente da desestabilização.

A vivência, tanto cíclica quanto localizada, em diferentes regiões, nos últimos anos, leva a que se tenha *preocupação* prioritária e imediata, *não com a globalização*[9] em si (irreversível e óbvia), mas com a *exigência* de que atuem sobre ela freios e contrapesos; limitações que a façam equilibrada, responsável, sob pena de que, incontida, enseje o caos.

---

(9) A substituição do emprego pelo trabalho é a principal destas transformações. As corporações, objetivando a redução de custos e aumento de produtividade para a competição global, optam entre três soluções alternativas: a chamada solução progressista (redução da jornada de trabalho e aumento do tempo individual disponível para o lazer e para cultura), ou a solução retardatária(pela redução de trabalhadores envolvidos na produção), ou mesmo um "mix" das duas. ZEBRAL FILHO, Silvério Teles Baeta. *Globalização, desemprego e desigualdade: evidências, mitos e desafios do mercado de trabalho brasileiro*. Brasília: Crub, 1997, p.32.

Como fazê-lo, com que instrumentos, são perguntas ainda não respondidas mas, a cada dia, mais repetidas; tanto no grupo das grandes potências, que não querem deixar de sê-lo; no dos emergentes, que aspiram alcançá-las; e no dos pequenos países, que temem ser tragados e desaparecer, levados de roldão, pela força desse processo, simultaneamente, anárquico, desigual, inovador e tecnológico. A Globalização, soltando as amarras do Capital — inclusive especulativo — e não oferecendo tratamento isonômico ao trabalhador faz-se (ou pode fazer-se), nesse caso, redutora das oportunidades de sua inclusão.

30. PANORAMA 4 — LIBERALISMO ECONÔMICO E AUTOCRACIA POLÍTICA

A miscigenação de um progressivo regime de economia de mercado com o modelo da reduzida liberdade política embasaria esta (n. 4) peculiar visão do tempo de transição. Teria sido — e, em regra, continua sendo — a forma dos "tigres asiáticos", com quem se atingiram números sedutores de crescimento, efervescência econômica e progresso tecnológico, numa livre iniciativa cultuada e estimulada; ao mesmo tempo, em que, na região, preservavam-se governos apenas aparentemente — e nem isto, às vezes, como no exemplo malaio e mesmo no de Cingapura — democráticos (caso filipino). A flexibilidade econômica não se fazia (e não se faz) acompanhar pela distensão política. Regimes duros, no trato das liberdades individuais e alheios geralmente aos mais elementares direitos humanos. No seu roteiro estratégico, não há obrigações de respeitar e fazer respeitar garantias trabalhistas, especialmente as inseridas no e decorrentes do Direito Coletivo do Trabalho. Vê-se a greve, por exemplo, como ela era vista no segundo quartel do século XIX, como se crime fosse. A sua legislação interna pune — e o faz rigorosamente — aos que intentam deflagrá-la. É o exemplo da China, paradigma desse explícito contraste conceitual e dessa surpreendente convivência de antípodas. Ao lado dos repressivos guardas pretorianos, que se mostram contundentes contra quaisquer mobilizações pacíficas de cunho contestatário, o centro de Pequim é um festival de concorrentes luzes coloridas de anúncios multinacionais, que disputam o espaço flexibilizado do bastante liberalizado mercado consumidor chinês. Enquanto não se consagram institutos juslaboralistas e a previdência social — tão necessária para uma bilionária população muito pobre — é mais do que precária, estabilidade monetária, equilíbrio orçamentário e respeito a compromissos financeiros internacionais são prioritários. A imagem híbrida desse mundo oriental (do fechado político com o aberto econômico), fazendo-o inovador centauro, meio socialista ortodoxo estatizante e meio liberal competitivo privado, obriga a repensar as imagens e as conceituações rigorosas registradas pela História — até recentemente — e pela doutrina, até pouco, aparentemente sagradas e maniqueístas.

Não há dúvida de que a modelagem simbiótica do livre mercado (de direita?) com o governo autoritário (de esquerda?) ensejou (e enseja) um processo materialmente produtivo, onde quantidades formidáveis e superavitários resultados (inclusive o antes demonizado — e hoje bem visto — lucro) são perseguidos a qualquer preço. Destaca-se, nesse particular, a *desvalorização* do trabalho convencional, com o conseqüente desrespeito e a marginalização do trabalhador. O que importa, em tal desenho societário, é produzir mais por menos (se possível, muito menos) e ser competitivo no mercado internacional; nele, normalmente, calca-se a redução de custos no desapreço por mínimos sociais de respeito protetivo ao salário, à jornada, à infância, à higiene e segurança, ao associativismo (sindicalização), à greve, à negociação coletiva equilibrada, etc etc. É a divulgada remuneração oriental de menos de 1 (um) dólar-dia de tantas empresas multinacionais e suas terceirizadas, que bem exemplificam a injustiça e o contrasenso.

Faz-se evidente que tal panorâmica traz consigo a quebra, no liberalismo, dos valores de liberdade e fraternidade; e, no estatismo autárquico, da mais valia, do lucro e da livre concorrência.

Essa proposta, vigente em países orientais, com diferentes dosagens e similar essencialidade, adata-se a determinadas tradições e valores da civilização onde se consagrou. Não há na História de muitas regiões asiáticas qualquer traço de importância da liberdade política. Viram-na sempre como uma alegoria ocidental, inútil operacionalmente e enganosa quanto a seus alardeados propósitos. Faz parte de sua cultura a figura do "comandante", do "chefe", do que assume e decide, impositivamente. Ao mesmo tempo, o sopro tecnológico que os atingiu, impelido pelo vento forte da globalização, fê-los, um a um, despertar da letargia produtiva e aproveitar seu rigorismo disciplinar, sua organização (mesmo privada) autocrática, para lançar-se num esforço produtivo, juntando aos macro volumes barateadores a inovação competitiva.

Até quando tal projeto se manterá — e o *salutar* "vírus da liberdade" e da democracia está a infiltrar-se pelas frestas, decorrentes das necessárias convivências e dos diálogos mercantis — faz-se difícil de vaticinar. De qualquer maneira, diferente do panorama ocidental de transição, mas, com ele, vivendo na cultura da economia de mercado, os asiáticos dão a entender de que não os inquietaria a preocupação com o desemprego, posto que, antes dele, não chegaria a mobilizá-los o próprio valor do emprego e o dever de gerá-lo.

De mais a mais, com eles, mais do que com quaisquer outros, faz-se claro o difícil da localização exata do trabalho, quando atingido o produto final dele resultante. Especializados em terceirizar e/ou quarteirizar, embasam, anônimos, o trabalho-grife ou se contentam em compartilhar na miscigenação que ganha, ao final, o sobrenome pomposo de uma grande multinacional.

O que se precisa reconhecer nesta panorâmica (n. 4), na qual se dá o *fracionamento produtivo do bem pela transnacionalização da empresa*[(10)], é a idéia de que a multidão da massa operária disponível é tão grande, sua oferta bilionária praticamente interminável, que utilizá-la implica em ônus tão irrisórios (oferta incontrolavelmente superior à demanda) que, por isso, desvalorizar-se-á a ponto de ser menos gravosa à empresa (salários micro mínimos!) que a própria automação. Demasiado cruel tal alternativa, não desejável, mas obrigatoriamente mencionável, ante o ocorrido no hoje e o desenho óbvio do, por ele programável (socialmente tétrico), para o amanhã. Não seria o fim do trabalho. Mas o fim do valor minimamente digno para o trabalho, que, no caso, por sua bilionária demografia, nos vem, com força e intimidação, da Ásia hodierna (em especial, da já rica China e de seu povo, ainda muito pobre).

31. PANORAMA 5 — TRABALHO SUSTENTÁVEL E A ECONOMIA ECOLÓGICA

A Organização das Nações Unidas (ONU), face os choques e entrechoques, múltiplos e multiplicados, dos *projetos de crescimento econômico* — impulsionados por investimentos financeiros, objetivo de lucro e, muitas vezes, até geração de empregos — com *os deveres da sociedade em preservar* o equilíbrio do ecossistema, salvaguardá-lo da depredação e assegurar defesa da cadeia vital dos seres no seu *habitat* natural, *instaurou* a *Comissão Brundtland*. O grupo técnico multinacional legou, para a ONU, um irreparável *conceito de desenvolvimento sustentável* (alternativo à modelagem

---

(10) Os instrumentos e as técnicas podem mudar, mas os objetivos e finalidades supremos das sociedades industriais capitalistas permanecem os mesmos". KUMAR, Krishan. *Da sociedade pós-industrial à pós-moderna: novas teorias sobre o mundo contemporâneo.*Tradução de Ruy Jungmann. Rio de janeiro: Jorge Zahar, 1997, p. 44.

e propósitos do meramente economicista), como sendo *aquele que* "satisfaz necessidades geracionais atuais sem pôr em perigo a satisfação de necessidades das gerações futuras".

O panorama, ora em análise, fundamentaria sua estrutura no crescimento não-agressivo (levando em conta a relação com a Ecologia), na coesão dos Estados, das gerações e dos sexos, em torno de objetivos e conceitos comuns. Haveria, nessa proposta de solidariedade tão abrangente, um forte tempero de sonho, de aspiração aparentemente pouco concretizável. De qualquer maneira, os teóricos dessa modelagem do trabalho sustentável, onde se inseriria o "milagre econômico ecológico", como alicerce do processo, vêem indícios de encaminhamento da sociedade contemporânea para o destino do macro e genérico entendimento.

Partir-se-ia da crença de que existiriam condições técnicas e vantagens econômicas em priorizar o aumento da "produtividade da natureza". Garantir-se-ia a possibilidade, especialmente no campo energético, de fazer, por meio de técnicas inovadoras e menos predatórias ao ecossistema, render até 4 (quatro) vezes mais o barril de petróleo, no que tange ao seu aproveitamento. É o que assegura, em detalhada exposição, com pragmática projeção financeira, (*O Século do Meio Ambiente*), *Ernst Von Weinsacher*.

A *infraestrutura filosófica* dessa proposta, na qual se sintoniza, rentável e progressivamente, preservação ambiental com crescimento econômico, constatando sua sintomática ocorrência atual e até prevendo sua ampliação futura, em certas situações, parte do uso de uma tecnologia que dê aproveitamento produtivo acentuado às forças da natureza estrito senso: do sol, do clima, da temperatura etc. A idéia central estaria em *bem aproveitá-las como são*; no máximo, adequando-as, e não deformando-as ou desnaturando-as para tirar delas algum proveito.

Nessa linha, assegura-se que cada central atômica fechada, substituída por usinas de geração eólica, significaria cinco novos empregos ganhos nestas contra um perdido naquela. Estudos universitários germânicos — conduzidos por ecologistas, é verdade — garantiam, em meados de 2001, que a aplicação de novas tecnologias comprometidas com o meio ambiente seriam capazes de gerar, (na própria "indústria ecológica"), na Alemanha, aproximadamente 1 (um) milhão de empregos novos. Por outro lado, chegariam a 5 (cinco) milhões, de novos empregos, se fosse implantado projeto (para a então Europa dos "quinze") de energia solar — preconizado e elaborado por especialistas da União Européia — a ser desdobrado em 10 (dez) anos.

Seriam roteiros que visariam a chegar a três destinos: manter e, se possível, aumentar o crescimento econômico; preservar o meio ambiente, fazendo-o, porque protegido, parceiro do desenvolvimento; e assegurar que este — resultado do casamento produtivo da economia com a ecologia — se projete no campo social, obstaculizando, primeiramente, o desemprego e, mais que isso, gerando e revalorizando o emprego; e, por decorrência, a pessoa do trabalhador e de sua atividade.

A esse desenho de impecáveis intenções, agregar-se-ia a participação estatal, mediante a fixação de uma *sistemática tributária* (de difícil definição e cobrança), que se idealizaria fosse capaz de, superando as fronteiras nacionais, abranger as comunidades e, progressivamente, abarcar a sociedade universal. Seria a instituição do *ecoimposto*, que visaria a impor gravames especiais aos países que, normalmente os mais ricos e industrializados, são os grandes poluidores, tanto da atmosfera quanto das águas e das reservas biológicas e florestais. Gravá-los pelos danos causados, na sua voracidade econômica, significaria *gerar recursos* para, mundialmente, reduzir desníveis sociais (destinando parte da receita auferida a programas educacionais e sanitários, nas nações subdesenvolvidas), bem como, pelo encargo criado, *diminuir-lhes a competitividade econômica*, permitindo melhores perspectivas de concorrência aos não-predadores (normalmente emergentes e subdesenvolvidos), assim estimulados e habilitados a gerar novos empregos.

O *ecoimposto* nasce da idéia de punir, economicamente, quem retirar da natureza elementos a ela essenciais para deles usufruir, mediante comercialização *in natura*, ou após beneficiamento e/ou transformação, especialmente com intuito de ganho ou para fins — mesmo não lucrativos — que não superiores aos interesses da sociedade como um todo. Caracterizar-se-ia como um projeto de intervenção normativa, adotando flexível e ajustável estratégia aplicativa, que se predisporia, em primeiro lugar, a proteger o patrimônio ecológico e, na sua impossibilidade, assegurar-lhe adequado reordenamento. Seria a vontade política, em especial nos Estados democráticos, representando a sociedade, acionando mecanismos públicos para garantir o equilíbrio — não passivo, mas participativo e produtivo — de um protegido ecossistema. A Convenção de Kyoto, grande passo político nesse particular, estaria por lograr ratificações suficientes para vigorar. No entanto, a não adesão, até hoje, do maior poluidor — Estados Unidos — tira-lhe grande parte de seu efeito prático.

A proposição identificadora da harmonia, *entre o conservar e o crescer, passa pela dificuldade do viabilizar*. A proteção ambiental geraria custos, usualmente significativos, o que não tem impedido seus defensores de lembrar que seriam compensados pela melhoria intrínseca dos bens em comercialização e pela preservação e qualificação dos consumidores, face a manutenção de poder aquisitivo coletivo decorrente da sustação (?) do desemprego.

Esta panorâmica (n. 5) parte do que, antes, acreditava-se obrigatória antinomia entre o movimento ecológico e o esforço do crescimento, julgando-se que tais visões viveriam perpetuamente em conflito, sendo da índole de uma a exclusão da outra. Hoje, sem lograr a composição harmônica de quase complementariedade a que chegam os mais otimistas, desenhando um modelo de sociedade que, em princípio, mais caberia nas expectativas crédulas do CANDIDE, há de se reconhecer que há progresso na relação. O que era monopólio de confronto fez-se, agora, condomínio entre desacertos bem mais tênues e convivências pacíficas, mesmo sem chegar à amorosidade. Sedimenta-se a idéia de que respeitar a natureza não impede (ou não deve impedir), a prosperidade econômica ainda que, circunstancialmente, uma das duas não ocorra.

32. PANORAMA 6 — APARTHEID *GLOBAL*

Se a visão do momento atual rumo ao futuro é otimista para os que enxergam o amanhã com lentes do panorama anterior (n. 5), os que, por outro lado, se aliam ao enfoque da socióloga hindu *Vandana Shiva* descortinam uma caminhada, cada dia mais acelerada, direcionada à criação de um verdadeiro *apartheid global*. Nele, separar-se-iam irremediavelmente os *ricos* — que seriam cada vez menos numerosos e mais dotados — dos *pobres* — que aumentariam em progressão geométrica na quantidade e decairiam continuada e tragicamente, na sua média de ganho (a propósito, Relatório Geral da OIT/2003, publicado em Genebra, Suíça, na Conferência Internacional do Trabalho, de 4 a 18.6.03, indica que, à época, no mundo, 3 (três) bilhões de pessoas viveriam com renda de até 2 (dois) dólares-dia, sendo que, delas, 2 (dois) bilhões sobreviveriam (?) com menos de 1 (um) dólar-dia. A tese de *Shiva* embasa-se no *incremento* agressivo dos números *do desemprego aberto* que, pelo mesmo documento, chegara, em dezembro/2002, a 170 (cento e setenta) milhões de pessoas, distribuídas pelos cinco continentes).

Isso tudo, levando em conta a (ou, quem sabe, também por causa da) maciça presença de *mulheres* no mercado de trabalho, subindo, nas últimas duas décadas, à ocupação de 41% da totalidade dos postos (quando, vinte anos antes, preenchiam elas pouco mais de 35% dos lugares laborais disponíveis), como também a *perseguição* sofrida ´por elas e pelos *homens*, vitimados pela *informalização* das condições de trabalho, crescente tanto nos países industrializados, como sobretudo, nos emergentes e nos subdesenvolvidos (onde se concentra a maioria da mão-de-obra). Em geral, principia a informalidade pela ocupação desregulada do menor; atinge, depois, à mulher (que não consiga abrir a porta do trabalho formal ou dele seja excluída) e, finalmente, agudizada a crise, alcança o homem.

A radiografia sócio-econômica de *Shiva* destaca, justamente, contrastes, separando os aquinhoados *partícipes* da economia global e os por ela *vitimados*. Salienta que o atual processo tem o vírus destruidor de estruturas que, estatais ou associativas negociais, visariam a tutelar os mais desprotegidos, que seriam entraves — segundo os descomprometidos com a humanização — ao comércio competitivo, posto que, necessitando de protecionismos sociais, criariam ônus tributários, diminuiriam lucros e chocariam com a lógica econômica do mercado.

O pessimismo(11) desenhado neste Panorama parte do que seria, na contemporaneidade, notória contradição: o mesmo *desenvolvimento* — tão criativo pela mão da tecnologia — que tantas satisfações proporciona à economia e comodidades a pequenos (ou limitados) segmentos populacionais, em específicas regiões do mundo, converter-se-ia em *verdadeiro inferno* para os *trabalhadores comuns* (em particular para os empregados sem qualificação ou de baixa especialização), colocados no rol dos *descartáveis*(12). Paulatinamente,

---

(11) Com o avanço do princípio da divisão do trabalho, o operário tornou-se cada vez mais fraco, mais limitado e menos independente: a arte fez progressos mas o artesão regrediu. Por outro lado, à medida que se descobriu que os produtos industriais eram menos caros e até melhores, com a difusão da manufatura e a acumulação dos capitais, surgiram homens ricos e cultos para explorar indústrias até então sob a égide dos artesãos canhestros ou ignorantes. Desse modo, enquanto a ciência industrial degrada continuamente a classe operária, ela eleva a dos seus patrões. E à medida que o operário restringe cada vez mais sua mente ao estudo de um único detalhe, o patrão paira, todos os dias, sobre horizontes mais vastos. TOCQUEVILLE, Aléxis de. *A democracia na América: leis e costumes*. Tradução de Eduardo Brandão. São Paulo: Martins Fontes, 1998, p. 226-227.

(12) "As sociedades deste final de século, embora fascinadas por vários benefícios e promessas oferecidas pela globalização, já elegeram seu grande inimigo: o medo da exclusão social, que atinge todos os níveis. Os inequivocamente incluídos — que sentem as vantagens da tecnologia e da liberdade de mercado, acumulam informações, riqueza e circulam pela aldeia global — têm medo do potencial de violência do excluído, além de um razoável sentimento de culpa cujo tamanho depende do seu grau de solidariedade social. Aqueles ainda incluídos, assustado com a diminuição dos empregos

criar-se-ia a idéia de que sua atividade é desnecessária ou realizável por outrem. Provavelmente, pela máquina e, por isso, ele próprio, desnecessário.

O que se infere desse submergir em águas tão turvas é o descrédito de um dogma das relações econômico-sociais do mundo da produção: *não se manteria* mais a linha direta que, historicamente, mostrava que o crescimento econômico assegurava proporcional acréscimo na taxa de emprego. Economia dinâmica significava multiplicação de postos de trabalho. Atualmente, e de maneira progressiva, produz-se *cada vez mais com cada vez menos* mão-de-obra. O fenômeno se faz mais marcante quando se trata de bens com expressivo valor agregado, nos quais a tecnologia sofisticada é determinante. O *processo expulsório* do trabalho menos qualificado e/ou não criativo tem *característica centrífuga*(13), evidenciando-se, primeiro, nos países do Iº Mundo, de refinada tecnologia, para chegar, depois, aos subdesenvolvidos, ainda, em muitos setores, desprovidos de recursos para implementar procedimentos hodiernos, que exigem elevados investimentos para empregá-los.

A respeito, pondera *Bourdien* que *o sonho*, construído teoricamente e defendido politicamente pela Revolução Francesa *da "sociedade sem classes"* (*Igualdade*, liberdade e fraternidade) e, mais tarde, com diferentes argumentos, motivações e objetivos, propugnado por *Marx* (*Manifesto Comunista*) através da aspirada ascensão do operariado (chegando à "ditadura do proletariado"), e por *Leão XIII*, na *Rerum Novarum*, com a versão cristã do associativismo solidário, visando a pacificar relações grupais e reduzir desníveis classistas, *não se teria* viabilizado, *nem se viabilizará*. Em seu lugar, diz o autor francês, vê-se substituído pela "*bela diferença*", exemplificada com a diversidade entre o *elevador* muito largo, onde caberiam, sem discriminação, todas as classes, e a estreita "*porta giratória*" que, seletiva, escolhe poucos, preferidos, e relega muitos, excluídos.

---

formais e a redução Estado-protetor, temem escorregar para a exclusão. E por último, aqueles que são ou sentem-se excluídos, no seu dia-a-dia de sobreviventes, têm razões de sobra para sentirem medo. DUPAS, Gilberto. "O novo paradigma do emprego". São Paulo em Perspectiva. São Paulo, n. 3, p. 69, 1998.

(13) Alguns desses efeitos, de difícil quantificação, têm sido noticiados recentemente, como por exemplo: a diminuição do custo efetivo de trabalho (*labor cost*), quando comparado internacionalmente; o significativo aumento da terceirização nas empresas de grande porte; alterações qualitativas de quadros funcionais; grande eliminação de chefias intermediárias; diminuição de cobertura sindical; aumento do tempo de desemprego, especialmente de jovens; expansão de emprego domiciliar e autônomo, aumento de rotatividade, etc. OLIVEIRA, Carlos Alonso Barbosa de (Org.). *O mundo do trabalho: crise e mudança no final do século*. São Paulo: Página Aberta, 1994, p. 598.

No campo político-institucional, há quem veja, nessas mudanças rumo a um contexto socialmente inquietante, alterações profundas, atingindo até as estabilizadas democracias ocidentais; pessimista, desenha crises crescentes, fruto da macro exclusão, que estimularia rupturas institucionais e convulsões sociais, levando a guerras civis. Tal *armmagedon* seria caldo de cultura para importação de fundamentalismos, exóticos do ponto de vista cultural, associáveis com xenofobias agressivas. Criar-se-ia clima societário de *spenglerismo*, numa contundente versão contemporânea.

Associa-se a esse cenário, de quase terror, descrito pelos que descrêem de um amanhã satisfatório — ou, pelo menos, razoável — para a sociedade, o que entendem ser agravante da pauperização e combustível humano para massas rebeladas: *altos índices de crescimento demográfico.*

Nos países desenvolvidos, há mecanismos sócio-culturais, informação educacional e, em regra, consciente conhecimento das possibilidades econômico-familiares, para que a programação da prole seja preocupação de toda a sociedade. Por isso, os números do crescimento demográfico, na Europa, são pequenos, estando até estagnados e, em alguns países (Itália, Romênia etc) tornaram-se negativos. Japão, Canadá, Austrália e, inclusive, Estados Unidos trabalham com cifras muito limitadas. No entanto, entre os *emergentes*, particularmente na majoritária população pobre e miserável, o descontrole é quase total. No mundo subdesenvolvido (África, pequenos países latino-americanos e regiões da Ásia), a situação é *anárquica*. Os famintos multiplicam, descontroladamente, as bocas para as quais, *provavelmente* (para não ser mais contundente), também não haverá pão. É a miséria gerando mais miséria, preparando massas analfabetas, morbidade assustadora, desemprego definitivo, cujo somatório levaria as coletividades vitimadas, (e não sempre, mas muitas vezes) à droga, à violência e à prostituição, já na tenra idade; e os países, ao caos institucional.

Tal prenúncio estimulará os mais destemidos e lúcidos a uma tentativa, às vezes desesperadora, de migrar, em busca de civilizações de oportunidades. Nestas, porém, a força dominadora da automatização, substituindo emprego por máquinas, estimulará o protecionismo do "mercado laboral nacionalizado", com o erguimento de barreiras fronteiriças para evitar a "concorrência invasora", aviltante e aviltada. É a consumação confirmada do anunciado *apartheid global social.*

Desconsiderar tal projeção é desconhecer doentia (socialmente) realidade progressiva. Tê-la como irreversível é negar a capacidade de reação defensiva e humanizante que as sociedades mostraram ante outras — tantas — adversidades vividas, sofridas, atenuadas e, ao fim, pelo menos, parcialmente superadas.

33. PANORAMA 7 — O EMPRESÁRIO AUTÔNOMO E A ECONOMIA DA INSEGURANÇA

A chamada 2ª Modernidade estabeleceu novos parâmetros de comportamento da sociedade como um todo e da pessoa, dentro dela. A liberação da postura individual permitiu que se afrouxassem regras de relacionamento pessoal e familiar, a partir do pós-2ª Guerra Mundial e, acentuadamente, das décadas sessenta/setenta, em diante. Essa redução de exigências formais prossegue na atualidade, tomando-se como campo de amostragem a sociedade judaico-cristã ocidental e suas ramificações (com posturas assemelhadas) em países — sobretudo asiáticos, tais como Japão, Coréia, Cingapura — que "ocidentalizaram", a partir de impulsos globalizantes, seu padrão de comportamento social.

Prevalece um axioma que se disseminou mais pela prática do que pela teoria: "o de cada um viver sua própria vida, pelas suas regras e prioridades". Há uma disposição de protagonizar-se a existência com base em um script de *opções pessoais*, no bojo de uma *sociedade* que, em relação a muitos de seus hábitos e identidade (ou a perda dela) se vê *submetida* (pelo menos, muito influenciada) por *cargas de padronização*, instrumentalizadas pela mídia. De qualquer maneira, a Educação alterou sua mensagem e metodologia de antes e abriu espaço para essa individualização que, quando exacerbada, chega ao limiar do anárquico. Na família, mudam regras e ascendências; diminui a hierarquização, decaindo a força determinante dos pais (do pai, sobretudo), e aparecendo a possibilidade da divergência e o direito de opinar (e dissentir) do filho. No casal, cresce a participação da mulher, que exporta sua justa ânsia de superação e nivelamento para a sociedade aberta, usando, progressivamente, conquistas de espaço político e, ao mesmo tempo, no trabalho.

Esse destaque personalizante (para o homem, novidade; para a mulher, afirmação) no plano laboral, decorre, *ipso facto*, da auto diminuição de encargos e responsabilidades do *Estado-assistencial*, que, reconhecendo, de um lado, mais espaço ao indivíduo, de outro, restringe, à força, suas intervenções. Estaria a desenhar-se, com a retirada progressiva de cena do Poder Público (influência das privatizações, das correções face a desequilíbrios orçamentários, do combate aos subsídios e às obrigações protecionistas) o que, para alguns (ante o Estado-mínimo, criticado pelos estatizantes como Estado-omisso), seria a "*economia da insegurança.*"(14)

A alteração de conceitos e a introdução de novas práticas facilitam a queda de certas relações e de referenciais duais óbvios, porque historicamente duradouros, tais como: empresa/mercado; capital/trabalho; trabalho autônomo/trabalho dependente (inclusive emprego) e mesmo, nesse rol de tantas mudanças sócio-culturais de enfoque e abrangência, o binômio Poder Público/iniciativa privada.

Em decorrência, o trabalho regular vai fragmentado-se contratual e temporalmente. Surgem novas formas de atuação laboral, nem sempre bem quantificadas (porque imprecisamente definidas e conceituadas) nas estatísticas oficiais. A informalidade, exceção de ontem, passa a ter presença maciça, economicamente sentida, sobretudo nos países emergentes, mas já com presença também no 1º Mundo. *Variantes intra empresa* — quebrando, de certa forma, a unidade de imposição e controle do empregador, exercido pelo binômio *jus imperium/jus gestionis — tais como o outsourcing*, geram alternativa, se não concorrencial, pelo menos diferenciada do foco central da empresa-mãe; isso dá uma idéia de que, também *no empreendimento patronal*, faz-se necessário flexibilidade, variantes inovadoras e *individualização de procedimento* que, assim, alcançaria, em tempo de transição, tanto o trabalho como o capital.

Não é diferente para a figura do *franchising*, no qual o franqueador *adquirindo licenças, não é, por isso, nem empregador nem empregado*. Poderá vir a sê-lo subseqüentemente, por motivos complementares. O que ele detém é a "venda" de uma etiqueta; marca que, por qualidade, indução publicitária ou modismo, tem valor agregado comercial, que, em certa área geográfica, com exclusividade, ou não, pode o franqueado utilizar com objetivo mercantil, por si ou por terceiros (subfranqueados). A origem da franquia, que é a *grife*, não deixa de ser uma lucrativa "rebelião" individualizante à padronização produtiva para deleite oneroso da massa consumidora.

Acompanhando tais variantes híbridas, na zona gris do Capital/trabalho, situam-se as chamadas *"empresas de um homem só"*, força de expressão para indicar o que se convencionou, com respeito a suas peculiaridades, chamar de *microempresa*. São aquelas em que o capitalista (?) é o maior (ou o único) trabalhador. Às vezes — e é o

---

(14) "Insegurança no mercado de trabalho, insegurança no emprego, insegurança na renda, insegurança na contratação e insegurança na representação do trabalho." MATTOSO, Jorge. *A Desordem no Trabalho*. São Paulo: Página Aberta, 1996.

mais corriqueiro — em regime de economia familiar, com a ajuda de mulher e/ou de filho(a)(s). São os que, correndo o risco do empreendimento — portanto, *empresários*, conceitualmente — *dependem muito mais*, no que concerne à perspectiva de êxito do negócio, de *seu trabalho* — não sendo nem tendo, em geral, empregado(s). Cria-se, destarte, uma *nova cultura* que balança na oscilação da *precária autonomia*, de quem, na verdade, é figura simbiótica de empresário-trabalhador; ou, como querem alguns, por terem eles empreendimento de risco (loja, oficina, pequeníssima indústria), não seriam autônomos (reservada a expressão aos profissionais por conta própria) e, sim, "empresários de seus próprios assuntos". Isto, se parece, às vezes, novidade, lembra similares práticas vividas no passado. Já se disse, há muito, com sabedoria: "não há nada de novo sob o sol". Ou, ao contrário, a cada dia estará a se inovar e a única coisa previsível é a imprevisibilidade?

34. PANORAMA 8 — A INDIVIDUALIZAÇÃO LABORAL

Se a 1ª Modernidade ocorreu sob o signo da regulamentação do trabalho, em pleno apogeu da Revolução Industrial e no período a ele sucessivo, há quem acredite (Panorama n. 8) ser a 2ª. Modernidade introdutora da (ou introduzida pela) *individualização laboral*. Essa nova matriz ocupacional decorreria de uma alteração na modelagem produtiva, com a curva descendente da padronização, da ritualidade mecânica de gestos, da linha de montagem etc., progressivamente substituídas pelo espaço aberto à criatividade, à iniciativa própria etc.

A *mudança* operacional da *forma do trabalho*[(15)] e sua conseqüência sobre a *normatização* nele incidente relacionam-se: *de um lado*, com a inovadora realidade instrumental oferecida pela tecnologia, particularmente pela combinação eletrônica-informática-bioengenharia; *de outro*, pelas novas posturas da pessoa, face à sociedade de que participa, onde se alteram padrões culturais, éticos, *enfatizando-se o saber pessoal e sua capacidade pragmática de criar*, em detrimento da liturgia do repetir. A sociedade e, particularmente, dentro dela, a empresa, abre (ou permite que se abram)

(15) Como resultado para o mundo do trabalho, a velha economia industrial teria cedido lugar a uma nova economia, baseada nos serviços, e a sociedade do trabalho teria perdido sua centralidade. No seu lugar estaria nascendo uma sociedade em que as relações de classe seriam substituídas por redes horizontais e comunicativas, cada vez mais extensas, estabelecendo novas formas de trabalho e talvez até o fim o seu fim. GOMBAR, Jane. *Dissertação*, p. 59.

espaços de atuação, enquanto novas tecnologias ensejam descentralização das tarefas e sua coordenação em redes de interação em tempo real. Surge, assim, como que uma "*globalização interior*" (no seio da empresa e na sua relação com o mundo exterior), que corre, passo a passo, com o trabalho. Disso decorrem criativas, atípicas e até anômalas situações no trabalho, envolvendo seu agente, o trabalhador, diante de processos como *outsourcing, offshoring, subcontracting, down sizing* e outros tantos que, no mínimo, destoam — e mesmo desnaturam — a relação tradicional Capital x Trabalho; e, especialmente, empregado e empregador. São formas variadas e variáveis de esconder algumas e ostentar outras *formas de ocupação*, alterando e/ou descaracterizando o *emprego*, bem como compromissos decorrentes de sua versão original.

Há, nessa estratégia, a busca de reduzir encargos empresariais com o trabalho, pelo afrouxamento do vínculo empregatício. Para tanto, existem *múltiplos procedimentos*, tais como o *afastamento físico* do trabalhador do núcleo empresarial[(16)] (teletrabalho); a introdução da *falsa configuração da autonomia* ("prestador de serviço" habitual, subordinado e personalizado, formalmente não reconhecido como empregado); a *colocação de intermediários* (firmas terceirizadoras ou meramente provedoras de pessoal) *para* encobrir a verdadeira relação de emprego etc. Visa-se, promovendo essa espécie de individualização, a diminuir laços de solidariedade classista que nasceram, fecundados, na relação de proximidade do galpão fabril, quando, então, sabia-se claramente *quem era quem*, tanto em termos de empregado, quanto de empregador. Sem subterfúgios, nem intermediações...

Cria-se, pela *escassez* do *emprego*, face desequilíbrio entre oferta (máxima) e procura (reduzida) de mão-de-obra, exposta em percentuais diversos, mas sempre significativos, seja no 1º Mundo, entre os emergentes e nos países subdesenvolvidos, *uma guerra surda*; tanto entre os empregados (para preservar o posto de trabalho a qualquer preço, leia-se salário) como também entre os desempregados (para conquistá-lo, praticamente sob quaisquer condições). Disputa acirrada e fratricida — se olharmos o horizonte classista — implica em prevalência da individualização e no desapreço pela solidariedade categorial. Pensa-se e age-se, por necessidade, em função do "*eu*", minimizando ou abandonando o ideal

(16) Os "centros de trabalho remoto, os centros de trabalho comunitário, os centros de trabalho satélites, as telecabanas e mesmo os centros de trabalho móveis são exemplos de trabalho flexível", KUGELMASS, Joel. *Teletrabalho: novas oportunidades para trabalho flexível*. Tradução de Geni G. Goldschmidt. São Paulo: Atlas, 1996, p. 32.

classista do *"nós"*. Com isso, enfraquece-se o laço associativo, a força comum que gerou a mutualidade, mãe da previdência, avó do sindicalismo. Este, fragilizado, pela adesão reduzida e pelo apoio temeroso, sem entusiasmo e sem compromisso com ações mais fortes de associados em menor número, diminui o uso da sua maior arma, a pressão coletiva profissional, de natureza reivindicatória.

O empregado, ameaçado pela máquina e pela economia desaquecida, sobretudo quando menos criativo, fica temeroso, ante a perspectiva do desemprego, (às vezes mal dissimulada, por planos de demissão "voluntária"; ou pressentida, ante anúncios de macrofusões empresariais, antecipando racionalizações administrativas e enxugamento de custos).

Há, nesse enfoque *panorâmico da transição*, a identificação de crescimento do *mercado informal*. No início, só encontradiço na periferia geográfica da economia primeiro mundista, então dinâmica e geradora do pleno emprego. Depois, na Europa, admitida sua ocorrência por Itália e Espanha (onde se asseverava, haveria 30% dos trabalhadores ocupados, vivendo da e na visível "economia invisível"). Em fins da década de 90, tanto Estados Unidos quanto Reino Unido divulgaram que haveria entre um quarto e um terço dos seus trabalhadores, na informalidade, dos quais, entre dois terços e três quartos do total, seriam mulheres.

Na conceituação da *informalidade européia* e *ianque* reúne-se, não só o aglomerado dos trabalhadores que não têm vínculo empregatício propriamente dito, que são empreendedores informais (como os nossos sacoleiros, biscateiros, eventuais etc) mas também os que compõem o contingente crescente dos a *tempo parcial*, *temporários*, *domiciliares* etc; de qualquer maneira, o que se depreende das estatísticas atualizadas é que também no mundo desenvolvido — salvo espasmódicas exceções suíças, escandinávicas e quetais — a informalidade cresce e os compromissos da relação de emprego vão sendo anulados e/ou minimizados. A individualização laboral que, sob certo prisma, foi afirmação do *"homo sapiens"*, na panorâmica sócio-laboral, é também elemento de enfraquecimento dos mais débeis, por impedí-los de preservar a solidariedade classista ante a ameaça do desemprego. Resta a pergunta: será que esse crescer, socialmente indesejado e tecnologicamente imposto, do individualismo, determinará ou, pelo menos, contribuirá, para uma profunda alteração da estrutura da sociedade? Ou essa mudança já ocorreu, só que não conseguimos vê-la na sua extensão plena? Ou será que os trabalhadores vinculados — os empregados remanescentes — que permanecerão, por qualificação e criatividade, terão força e interesse, no amanhã, de reagrupar-se para defender interesses e direitos de que, hoje, se afastaram ou que não crêem possível, ou prioritário, por inconveniente, agora, defender e preservar?

35. PANORAMA 9 — AS ATIVIDADES PLURAIS

I) Nesta panorâmica, afirma-se que todas as alternativas que buscariam oferecer um mapeamento do *porvir da sociedade*[17] são *vinculadas ao papel do Trabalho*, na passagem dinâmica do hoje para o amanhã. Esse liame do atual com o futuro é timbrado por inquietações e dúvidas, que marcam quase todas as indagações, subdivididas entre a insegurança de alguns e a esperança de outros.

Nesse tempo de transição, modificam-se paradigmas, quando se confrontam critérios diferenciados do exercício laboral, de um lado, e sua valoração, tanto sócio-cultural, quanto econômico-retributiva de outro. Desde o surgimento da Revolução Industrial, ocasião em que se estabeleceu o processo de venda, contratualmente estipulada, da "mercadoria" trabalho, até hoje, quando ainda persistem muitos elementos daquela Revolução, e tantos outros dela já foram substituídos ou modificados, não se conseguiu definir pelo que, quando e se existiria como substituir a idéia de uma sociedade produtiva que não seja a centrada no trabalho remunerado.

A dificuldade encontrada para mudar o núcleo desse sistema associativo — a um tempo só, espontâneo e induzido — que é a sociedade, obriga a uma indagação mais profunda sobre *o que é exatamente o que se costuma chamar Trabalho*? Seria o nervo central ou o eixo motor da "sociedade da atividade"; somatório de ações, com participação consciente e livre, direta ou indireta, do homem, associado ou individualmente, impulsionado por e visando a resultados (ou conseqüências) materiais e/ou afetivas e que pode implicar em recompensas econômico-financeiras ou meras satisfações (gratificações) espirituais não tangíveis.

---

(17) "Talvez até estejamos a ponto de sair da civilização do trabalho, que desde o século XVIII, colocou a economia no posto de comando, e a produção na base do desenvolvimento social. Seria, então, demonstrar um apego fora de moda ao passado, subestimar as inovações que se fazem e as alternativas que se busquem para ultrapassar a concepção clássica do trabalho. Tanto mais que o fundamental na dignidade social de um indivíduo não é necessariamente o emprego assalariado, nem mesmo o trabalho, mas sua utilidade social, isto é, sua participação na produção da sociedade" CASTEL, Robert. *A metamorfose da questão social: uma crônica do salário*. Tradução de Iraci D. Poleti. Petrópolis: Vozes, 1998, p. 444.

Diante da amplitude dessa conceituação, o trabalho, na sua versão convencional — particularmente o subordinado — seria uma (obviamente a de alcance pessoal, ainda a mais numerosa) das muitas formas por que se manifestaria esse atuar do homem, sem excluir-se e, a contrário senso, vendo crescer, o que se realiza na e em favor da família; o de cuidado dos idosos e infantes, mesmo não-familiares; o político, por si próprio ou para terceiros; o autônomo puro etc etc.

O mapa laboral diversifica-se, ao mesmo tempo em que, ameaçado pela automatização, estaria propenso a diminuir, ou até mesmo a desaparecer, particularmente na antes dominadora — e hoje ainda majoritária — província do emprego.[18]

A diversificação que coincidiria com a aparição de atividades, nas quais desaparece ou afrouxa a subordinação, faz *crescer a autonomia* e o risco econômico de quem realiza a(s) tarefa(s). *Cria-se campo* (mesmo diminuindo, em números relativos) para *a mão-de-obra ocupada*, com novas figuras empreendedoras-prestadoras, transitórias, com dedicação limitada e relacionamentos simultâneos, ora sem submissão funcional e até sem retribuição. Ou indenizados pelos ônus que assumem em razão do trabalho. Nisso, e com isso, se desenha a cartografia complexa das *atividades plurais*.

II) Dentre elas, especial e inovadora relevância vem ganhando o chamado *trabalho voluntário*, prestado sem expectativa de remuneração; movido pela satisfação da obra feita, e destinado a causas de interesse público e bem-estar social: na creche, no asilo, nos bombeiros, no coral comunitário, na proteção ao meio ambiente, na alfabetização de adultos, na luta contra a mortalidade e/ou o trabalho infantis, no hospital confortando enfermos terminais, na formação e qualificação profissionais etc etc. Essas atividades cresceram movimentando de 5 a 7% do PIB (onze trilhões de dólares) dos Estados Unidos. No Brasil, onde o voluntariado cresce, mas não tem a história, e a vinculação cultural do estadunidense, já se atinge a números respeitáveis para nossa realidade: acima de dois bilhões de reais anuais.

---

(18) "Ao contrário daqueles autores que defendem a perda da centralidade da categoria trabalho na sociedade contemporânea, as tendências em curso, quer em direção a uma maior intelectualização do trabalho fabril ou ao incremento do trabalho qualificado, quer em direção à desqualificação ou à sua subproletarização, não permitem concluir pela perda desta centralidade no universo de uma sociedade produtora de mercadorias. Ainda que presenciando a redução quantitativa no modo produtivo(com repercussões qualitativas) no mundo produtivo, o trabalho abstrato cumpre papel decisivo na criação de valores de troca". ANTUNES, Ricardo. *Os sentidos do trabalho: ensaio sobre a afirmação e negação do trabalho*. São Paulo: Boitempo, 1999, p. 75.

A fartura de alternativas — na qual se insere obviamente o voluntáriado — altera-se, dinamicamente, mostrando, de um lado, a *criatividade* exigida para sobrevivência do trabalho; de outro, o aprêmio sofrido pelo trabalhador ante o avanço da *máquina*; por fim, também pelas circunstâncias anteriores, a *mutação* de uma sociedade que sofre transformação permanente, impedindo o desenho de um perfil duradouro que anteveja sua continuidade. Dir-se-ia que variedade de atividades, mudança, vínculos de subordinação afrouxados e acréscimo de criatividade são os itens que, ao lado da prestação de serviço sem compensação material (econômico-financeiro), formam o corpo e alma do que seria, para seus adeptos, esta etapa *(Panorama n. 9)* de mudança societária, denominada de *atividades plurais*. Nela caberia também referenciar o contingente dos que, *não sendo voluntários, trabalham*, profissionalmente, a tempo pleno e/ou parcial, eventuais ou permanentes, em organizações do *terceiro setor*, onde se ombreiam com os voluntários. Destaque-se aí, não a característica da prestação de serviço dos não-voluntários, mas o espaço aberto por um novo setor que *pesa* crescentemente na vida sócio-econômica de muitos países e nasce de uma dedicação à causa sócio-comunitária, seu sentimento inspirador.

III) Outra faceta que compõe o elenco das atividades plurais é o resgate progressivo na contemporaneidade do trabalho *feminino*. *Elizabeth Grenshem* recorda que "o trabalho foi sempre profissão da *pessoa e meia*", ou seja, programado para e pelo homem e, por ele exercitado, com reserva para si da hierarquia superior, tendo, *na retaguarda*, a colaboração feminina. A *mulher doméstica*, responsável pela boa ordem e funcionamento do lar, assegurando o prover das necessidades caseiras (roupa, comida etc) e respondendo pela formação dos filhos e comando dos dependentes, *garantia* o equilíbrio emocional e assumia a gestão organizacional desse contexto humano valioso e *sui-generis*, que é a *família*. Se esta foi — mesmo com suas alterações e traumas — e ainda é o *alicerce* da construção onde se inserem vida e morte, ganho e perda, realização e fracasso do cidadão, que é a sociedade, a mulher, sua animadora e gestora, precisava (e precisa) ser reabilitada como *femina faber*. Pelo material objetivo que produziu e pelo espiritual, abstrato-concreto, que estimulou e viabilizou que se produzisse.

Foi com o surgimento e a consolidação do *movimento feminista* (ao qual, muitas vezes, restritivamente, empresta-se exclusiva ação vitoriosa, na sexualidade e no sufragismo) que, *também na esfera trabalhista*, se logrou, paulatinamente, fazer com que se aceitasse, pela evidência do entendimento, com quanto de valioso o *trabalho feminino* compunha o *trabalho convencional* lato senso.

Passou-se a revisar a figura da "*pessoa e meia*", expressão que encerrava a idéia discriminatória de que a mulher seria *mera coadjuvante* masculina; a ela, como afluente, se atribuía, inclusive, *metade* — no máximo — da valia dele. Tal mensuração, subordinante e apriorística, teve seu apogeu na sociedade machista da Revolução Industrial. É a partir daí e com sua transformação, que se inicia o refluir, para o qual também concorrem novos tempos de progressiva presença das atividades plurais, nas quais as mulheres, se não predominam, em muitas delas vêem reconhecidos destaque e até liderança. É por esse caminho, por que se continua a trafegar, que se vai chegando à meta, onde se vislumbra um mutável horizonte laboral e se enseja a *mudança* de *mentalidade*. Em *especial do homem*, culturalmente descendente e titular do sentimento de primazia, que o tempo e as circunstâncias foram (e ainda estão) tratando de desmentir, *rechaçando*, como vergonhosa, a subvalorização exploradora da *"meia força"* da fábrica do século XIX, tentando liquidar de vez, a *média salarial feminina igual a 2/3 da masculina*, por trabalho do homem igual ao da mulher, mesmo *no Brasil*, de *junho de 2003* (pesquisa IBGE, 2003).

Foi (e é) a chave para que se reformulasse a concepção de que identidade própria e destacado *status* só se conseguiriam pelo exercício do trabalho convencional, considerado como o exercido exclusivamente pelo homem; único, à época, capaz de se autojulgar profissionalmente bem formado.

Hoje, a mudança é notória. A mulher ascendeu (e continua ascendendo) no *ranking* da qualificação e do preparo, mostrando habilitação equivalente e, em alguns casos, superior à média masculina. De outra parte, se conhecimento, prático e acadêmico, ensejaram-lhe progresso vertical, também propiciaram, por sua ousadia, caminho para alargar seu espaço horizontal. *Antes*, raras eram as profissões nas quais a mulher se sentia profissionalmente à vontade, bem recebida e rentável (costureira, professora primária, cabelereira, cozinheira, garçonete, comerciária; algumas — exceções — médicas e advogadas, atrizes e pouco, muito pouco mais). *Hoje*, raras são as atividades em que a mulher não exercita sua atividade, mesmo quando em contingente minoritário (são juízas de futebol, presidentes de empresas, magistradas, motoristas de táxi ou de caminhão, engenheiras, professoras universitárias, garis etc etc). Não se lhes veda o acesso. Resta-lhes multiplicar sua participação para fazê-la proporcional aos percentuais estatísticos de gênero; por esse caminho, complementará sua valorização, derrubando enraizada discriminação que a faz (mesmo com as convenções da OIT, as regras nacionais de isonomia, os contratos coletivos

— e elas também já figuram entre as lideranças sindicais contemporâneas — de trabalho) perceber remuneração usualmente inferior à de seu colega homem, de idêntica produtividade e mesmo tempo de serviço.

IV) Retomando a visão da sociedade de atividades plurais, há quem nela insira e tente destacar o *trabalho compartido*, hoje em expansão, sobretudo no meio agropastoril, onde se tem de seguir a regra cronológico-econômica da safra. São os *"fundos comuns de empregados"*, através dos quais alguém (ou alguns) trabalharão em rodízio para um grupo de empresas, como forma de assegurar, *para o trabalhador*, um potencial direito (?) ou probabilidade de continuidade de trabalho e, logicamente, de ganho, face à sucessividade de diferentes safras (e ações decorrentes na cadeia produtiva) e empresas nelas envolvidas; e para as *empresas*, com o relacionamento, via grupo operário formalmente constituído, uma atenuação de encargos e, mais do que isso, uma despersonalização de obrigações, já satisfeitas, com menos ônus, na relação com a pessoa jurídica. Situação *sui generis*, inspirada nas *cooperativas* de trabalho, sem delas ser sinônima, identificável como espécie do gênero *terceirização*, com variantes bem próprias. Tal situação, numerosa em São Paulo, sul de Minas, norte do Paraná etc, criaria a paradoxal situação dos *trabalhadores temporários permanentes* (encontradiça na citricultura, na cafeicultura, no binômio lavoura açucareira-usina, na pecuária, na fruticultura, na agroindústria da soja etc etc). Nota-se seu crescimento, alegando-se que o trabalhador a ela aderiria (também por inexistência de alternativas) porque por meio de sua participação no "fundo", ganharia mais sem interrupção da sua vida laboral; e a empresa a preferiria, porque, com menos encargos sociais, repassaria parte de sua economia ao "empregado" e ficaria com a parcela maior de tal vantagem. A sistemática, em questionamento, ante a lei e perante a Justiça do Trabalho (mesmo dando melhores respostas materiais circunstanciais ao empreendedor e ao trabalhador) enfrenta dificuldades para superar exigências e por desconsiderar garantias da legislação laboral. Para os seus defensores, é iniciativa pioneira que comprovaria a necessidade de se mudar legislação anacrônica, aprendendo-se com o êxito da realidade; para os seus opositores, é mais um atalho ilegal para não respeitar o pedágio da legislação laboral, dando um pouco mais, agora, de salário ao empregado, deixando-o sem segurança para o amanhã, beneficiando o empregador com redução de encargos.

V) Apesar de registrar-se, muitas vezes, seu uso indevido, empregando-a apenas como fachada nominal para o que, de fato, é uma empresa comum — com patrão e empregados — a *cooperativa* (saudável idéia, nem sempre bem sucedida iniciativa, pelas peculiaridades de sua implantação) *de trabalho* é uma das alternativas no grupo das atividades plurais. Traço de união entre o econômico e o social, empreendimento com objetivo social distributivo, sustentado pelo alicerce da solidariedade, às vezes se faz inexitosa pela ausência de um projeto educacional preparatório que faça seus associados bem entendê-la; noutras, no caso do *produto trabalho*, é usada como disfarce, até grotesco, para tentar esconder sua verdadeira natureza, com a qual se quer elidir tributos e encargos sociais para obter ganhos ilícitos, em detrimento de garantias mínimas, a quem se apelida cooperado e a quem se nega o vínculo empregatício. Excepcionadas as muitas situações mal sucedidas (por despreparo ou fraude), é modelo que poderá (e deverá) ter presença e, por isso, crescente nestes tempos de transição da sociedade laboral.

VI) Por isso, o *Panorama criativo das atividades plurais se anima*, circunstancialmente, pela exuberância de alternativas de inserção; estimula pela valorização da mulher; chama a atenção para possibilidades de doação laboral em favor do bem comum e/ou dos desvalidos; abre as portas à coesão dos trabalhadores, embalados pela solidariedade, no autêntico regime cooperativo. *Por outro lado, intranquiliza e faz-se temerário quando projeta um afrouxar nas* relações laborais, no prevalecer da temporalidade, logo passageira, na despersonalização do prestador, no risco do disfarce cooperativo, e por um mote inspirador em que a expressão chave é a de reduzir custos, por conta de menores encargos, desembocam, muitas vezes, em menos garantias sociais.

GORZ (no seu *Trabalho entre a Utopia e a Miséria*) assinala, esperançoso, que se fosse usada toda força da tecnologia e da informação em favor do crescimento das empresas e, nestas, dos resultados, e houvesse distribuição participativa para os empregados, estaria a criar-se, pela via da solidariedade produtiva — dizemos nós — o que ele denomina *nova ordem social*, capaz de *atender a todos*. A pergunta maldosa ou cínica — quem sabe só realista — que se impõe, face tal expectativa, é se isso ocorreria aqui *ou no Paraíso*? Quanto à verdade teórica do antevisto por *Gorz* não há dúvida. Resta, no entanto, fazê-lo prático. E isto dependerá do querer e do fazer do homem, com seus interesses, cupidez e conflitos. Seria (ou será), na prática, factível? Quando? Onde?

Keynes, há bem mais de setenta anos, antevia um quadro social preocupante para o que, à sua época, era a sociedade do futuro. Pregou, como remédio (e foi bem sucedido, ao vê-lo bem aplicado em graves momentos de enfermidade sócio-econômica), a ação associada do Estado e da iniciativa privada para produzir, visando à geração de empregos, e, com isso, criando poder aquisitivo e mercado consumidor interno que retroalimentaria, com impostos arrecadados, o Erário público, antes investidor; e com o consumo crescente, as empresas produtivas, antes suscetíveis ao risco do empreendimento. *Sabia que a fórmula preconizada*, válida para crises recessivas, onde houvesse recursos monetários (poupança e disponível compulsório), podia não sê-lo, face a outras, onde ocorresse descapitalização generalizada (inclusive do Estado), *dificultando* (*ou* mesmo inviabilizando) o ato inicial e básico do processo: o *investimento*. *Keynes*, numa metáfora didática, alertava para que não se radicalizasse nas medidas econômicas: "devia untar-se o pão sempre com pouca manteiga, de maneira que restassem espaços descobertos com dupla intenção: *primeiro*, para estabelecer a diferença, comparando o amantegado e o que não o fora, permitindo avaliação realista; *segundo*, para assegurar um espaço protegido contra o erro (se a medida não fosse bem sucedida) ou para ter chance de, vitoriosamente, prosseguir com a iniciativa (se fosse coroada de êxito)". Nessa linha estratégica, acreditava na *progressiva redução* da *jornada de trabalho*[(19)], propondo que se deveria, consensual e internacionalmente (dissertava, sobretudo, visando à Europa e aos Estados Unidos) diminuir o labor diário para chegar, no futuro (não definia a data), a uma prestação de três (3) horas diárias, num total de quinze (15) semanais, sem horas extras, nem jornadas de tempo parcial. E já preconizava um repouso semanal de sábado e domingo, pressupondo o aumento de produção com as máquinas, a limitação da carga horária como forma (será?) de aumentar postos e a intervenção da lei para garantir mínimos protetivos e regular a concorrência, evitando o que qualificava como selvagem competição empresarial. Face às realidades circunstanciais contemporâneas que tanto mudaram a produção, a comercialização, o consumo, as fórmulas de *Keynes*, se não se invalidaram como um todo, viram-se defasadas. A eletrônica, a informática, a comunicação social, a globalização, enfim, atropelaram suas previsões e terapias, não ao ponto de destruí-las, mas obrigando a considerá-las como intenções valiosas que, para atualizar-se, exigiriam plásticas, beirando o risco da perda da identidade.

O que resta é o propósito de lutar para, primeiramente, *desocupar menos* e, subseqüentemente, *ocupar mais gente*, consciente de que o trabalho maciço e repetitivo está minguando e que, para

(19) Se o assalariado comum trabalhasse quatro horas por dia, haveria bastante para todos, e não haveria desemprego — supondo-se uma quantidade bastante modesta de bom senso organizacional. RUSSEL, Bertrand. *O elogio ao ócio*. Tradução de Pedro Jorgensen Júnior. Rio de Janeiro: Sextante, 2002, p. 30.

isso (com a crise explosiva que traz consigo), haveria de se buscar atenuar diferenças entre quem tem e quem não tem trabalho. Aqueles, de qualquer maneira, esperançosos de não perdê-lo; estes, da mesma forma, de conquistá-lo.

Rifkin, entre o constatar e o prever, tendo, como alvo o trabalho voluntário[20], ante o mix da transição propiciado pelas atividades plurais, conclui que só quando cada um puder "ter um pé no trabalho convencional e outro no trabalho cívico é que o 3º (terceiro) setor[21] não será mero *gueto de* pobres", restringindo-o, preliminarmente, a uma visão atual de caráter assistencialista e exigindo, para valorizá-lo, uma equiparação numérica difícil, se não impossível, com o trabalho convencional. Tal conclusão decorre e, ao mesmo tempo embasa, a sua linha crítico-pessimista com relação ao amanhã do trabalho e da sociedade — que se verá a braços com crises e conflitos incalculáveis daí decorrentes — abalado, a seu juízo, não só pelo perder progressivo do emprego mas pela redução continuada da ocupação humana dignamente remunerada.

Esse enfoque recebe a contestação, se não do otimismo, pelo menos de melhores augúrios, de *Fiethjof,* relembrando que "não se deve queimar violinos para alimentar o fogo da lareira". Repisa a tese de que a vocação, a tendência humana para o trabalho, seria instintiva, porque inata, apenas tendo sofrido alteração de roupagem e modelo através dos tempos milenares; segundo ele, assim continuará, com ou sem a máquina, com ou sem a globalização etc. Insiste em asseverar que o trabalho oferece formas ilimitadas de exteriorização e o homem, versões incontáveis de exercitá-lo. Por isso, sempre haveria (e haverá) — daí a importância das atividades plurais — a possibilidade de que se desenhe, ante o imprevisível criativo da sociedade do futuro, com mudanças prováveis e surpreendentes, a construção de uma nova tipologia do *Pleno Emprego.*

---

(20) "O trabalho voluntário é o realizado por qualquer pessoa que, movida por interesses pessoais ou espírito cívico, dedique parte do seu tempo, sem remuneração alguma, a atividades de bem-estar social ou outros campos" COELHO, Simone de Castro Tavares. *Terceiro Setor: um estudo comparado entre Brasil e Estados Unidos*. São Paulo: Editora do SENAC, 2000, p. 69.

(21) "Desde os anos 40 é recorrente, nas ciências sociais, a hipótese genérica de que, a partir de um certo grau de industrialização, a tendência do desenvolvimento da sociedade industrial alterar-se-ia no sentido da expansão do setor terciário, Terceiro Setor, e não mais do industrial, abrangendo: a totalidade daquelas funções no processo de reprodução social, voltadas para a reprodução das estruturas formais, das formas de circulação das condições culturais paramétricas, dentro das quais se realiza a reprodução material da sociedade. OFFE, Claus. *Trabalho e Sociedade: Problemas estruturais e perspectivas para o futuro da sociedade do Trabalho*. Tradução de Gustavo Bayer e Margit Martincic. Rio de Janeiro: Tempo Brasileiro, 1991, p. 15.

Nele, por exemplo (conforme *Fiethjof*), se poderiam destinar 2 (dois) dias semanais para o *trabalho convencional* (empregatício, ou não); 2 (dois) dias, para o que chama de *trabalho pessoal* (voluntário, autônomo etc); e o restante para o desfrute pessoal (laboral, lazer, enfim a critério, inclusive mutável, de cada um). É um pouco a retomada da modelagem keynesiana, suscetível da óbvia pragmática e *ácida pergunta sobre a origem e critérios de geração e de distribuição de renda* para sustentar tal arquitetura societária e da dificuldade de respondê-la.

Quem busca resposta às compreensíveis inquietações e tem dúvidas sobre o amanhã (e, por isso, é lúcido), *tenta*, olhando pelo visor das atividades plurais e vendo nelas, se não *A* solução, mas *uma das* soluções (ou resposta) para as interrogações já desenhadas no hoje e que se fará imperativo respondê-las até o amanhã, *compor fórmula eclética*; se não provável, pelo menos aspirada como possível, ponderando que o porvir *não* será só *deste* ou daquele *tipo* de trabalho (tratando do convencional, do voluntário, do autônomo, do cooperativo etc etc) "mas deste (o convencional) e também daqueles", numa necessária visão alargada e abrangente do tema.

Sem ser *uma tese*, por imprecisão de tempo, de espaço funcional, de pessoas alcançadas e alcançáveis, de regras jurídicas aplicáveis, *talvez*, por isso mesmo, possa ser uma convicta esperança de, sendo flexível, ajustar-se, para responder à grande questão formulada agora e que, logo, se terá de contestar.

36. PANORAMA 10 — A CAMINHO DO TEMPO LIVRE

Refere-se à caminhada que estaria a dar, celeremente, a sociedade em direção ao "Tempo Livre". É previsão que contradiz ou, pelo menos, não se adequa ao proclamado por alguns filósofos, liderados por *Nietzsche*, que asseguravam que, mesmo a noção tida como *oposta à do trabalho* (isto é, diversão, ócio etc), para definir-se, dependeria do seu (dele) conceito, ao qual, inexoravelmente, teria de reportar-se, mesmo em postura antagônica. Assinalaram que as outras situações nada mais seriam do que *não-trabalho*, estando conseqüentemente penetradas por ele e por sua escala de valores para poder, via negativa, tentar formar sua identidade. Hoje contestado, por pensadores como *De Masi* e outros, *Nietzsche* via na sociedade — que só imaginava como teoria — do ócio e do tempo livre (por ele tomados como sinônimos) tentativas de oposição à do trabalho. Esta seria a única que responderia à tendência e à aptidão do homem: fazer, produzir etc. Aquelas seriam irreais montagens futuristas, cuja concretização o tempo se encarregaria de inviabilizar.

Não há como negar-se, sem os negativismos de *Nietzsche* e as otimizações de *De Masi*, de que há um tempo novo ensinando a usar, de maneira diversa, o próprio tempo(22). Tem-se de rechaçar a negação de *Nietzsche*, com o seu "alerta", à época, de que se teria de tomar cuidado com a sedutora e prejudicial "arte de perder tempo", posto que o lazer, aproveitando as jornadas diminuídas, o tempo parcial, o teletrabalho etc, está multiplicando alternativas de desfrutá-lo e, com isso, gerando novas oportunidades de trabalho. É o que ocorre nas praias, nos cassinos, nos estádios, nos meios de transporte, nas agências de viagem etc etc. As pessoas, para descarregar o estresse da pressão diária de sucesso e eficiência a qualquer preço, buscam atividades descomprometidas, lúdicas: esportivas, artísticas, lotéricas; o devaneio de paisagens naturais, o enriquecer intelectual, revisitando o passado e seu acervo cultural etc etc etc.

O que, no entanto, traz-nos de volta à gênese da questão é a discussão sobre a viabilidade do desfrute do ócio e da diversão nele ocorrente, com (e sem) o trabalho propriamente dito que, em torno deles próprios, ou como seu sustentáculo, ocorreria; isto é, ócio para quem dele se aproveita e desfruta; trabalho árduo para quem o propicia, realizando tarefas indispensáveis para o gozo ocioso de outrem (o garçon do restaurante, o vigia do museu, o piloto do avião, o guia da excursão, o "*croupier*" do cassino, o atleta da competição esportiva, o salva-vidas da praia, o artista da peça teatral etc). Para, muitos, o *lazer* pleno seria *irrealizável* sem o trabalho(23). Seria como, no *cappucino*, em que o ócio faria as vezes da nata vistosa junto com o chocolate complementar; ambos, porém, sem o café, verdadeira essência, que representaria o trabalho, não teriam vida ativa.

A crítica aos que vêem o ócio como agradável e exclusivo desfrute é a de que, na prática, isto não passaria de uma consagração forçada da inatividade total, realizável apenas momentaneamente, posto que, se duradoura, seria passo inicial para a depressão e o desajuste mental do homem.

---

(22) "Revisar a idéia do ócio criativo vai além da análise da economia e da sociologia, avançando pelo terreno que se pode chamar de antropologia filosófica ou, simplesmente, de uma nova antropologia, tendo sempre a perspectiva histórica da evolução do mundo do trabalho". GOMBAR, Jane. *A tecnologia da informação e o mundo do trabalho na sociedade pós-moderna*. Dissertação de mestrado. UCS, 2002, p. 105.

(23) Os trabalhos que permanecem como monopólio dos seres humanos, isto é, aqueles de natureza intelectual e criativa, não admitem ser circunscritos a um lugar ou intervalo de tempo específicos. Portanto, invadem o tempo livre e o estudo, confundindo-se e misturando-se com o jogo e com o aprendizado. Trabalho, estudo e diversão confundem-se cada vez mais. DE MASI, Domenico. *O ócio criativo*: Tradução de Léa Manzi. Rio de Janeiro: Sextante, 2000, p. 177.

De Masi tenta rebater tais apreciações, oferecendo conceituação bem mais complexa e criativa do ócio. Isso veremos mais adiante.

De outra parte, numa dogmática e finalística crença na perpetuidade do trabalho e de seu valor qualificativo para o cidadão, *Hanna Arendt* pergunta: o que aparece(rá) quando desaparecer o trabalho desta nova sociedade[(24)]? Ela mesmo responde: *o próprio trabalho*; sob inesperadas, costumeiras ou variadas formas, mas *sempre* o *trabalho*. Diz a pensadora alemã: "não haveria uma sociedade além da laboral; ou há trabalho ou não há nada". E (se) interroga: que coordenadas teria a vida, se não houvesse trabalho e sua disciplina? Qual seria a estatura social dos indivíduos, se não se apoiassem no trabalho? Que conceito de Justiça (especialmente da Social) se teria como referência, se não se entendesse a sociedade como um grupo diligente e produtivo? Como imaginar o Estado sem fonte de receita, e como criá-la sem o trabalho? Enfim, como se identificaria a pessoa sem trabalho e sem profissão?

Resta, pois, a grande questão: a necessidade, para o sobreviver saudável do cidadão, de manter sua fé (se a perdeu, parcialmente) em Deus, será, pelo menos, a de preservá-la nas suas mãos, na sua capacidade, enfim no seu *Trabalho*. A erosão deste seria o descortinar-se um panorama de incredulidade e infortúnio.

---

(24) A era moderna trouxe consigo a glorificação teórica do trabalho, e resultou na transformação efetiva de toda a sociedade em uma sociedade operária(...). O que se nos depara(...)é a possibilidade de uma sociedade de trabalhadores sem trabalho, isto é, sem a única atividade que lhes resta. Certamente nada poderia ser pior. ARENDT, Hannah. *A condição humana*. Tradução de Roberto Raposo. Rio de Janeiro: Forense, 1999, p. 13.

CAPÍTULO VII

MARCAS DA (E NA) TRANSIÇÃO

O que "cenários" e "panoramas" deixam assentado é a irreversibilidade e contemporaneidade da mudança. Não concluída, nem com data estipulada de termo; nem mesmo com desenho de preciso futuro projetado. Constata-se que o que foi não é mais. E o que se pensou que iria ser também poderá não acontecer. A rapidez das alterações, a variedade de seus condicionantes, a expectativa e a receptividade das diferentes sociedades destinatárias garantem uma certeza (a mudança continuada) e uma incerteza (seu rumo e resultado).

De qualquer maneira, há uma aceitação razoavelmente consensual: se está caminhando para uma sociedade pós-industrial ou, pelo menos, provocadora de alterações substanciais na sociedade industrial, que, se respeita sua nomenclatura batismal, a faz totalmente diferente de sua versão original.

Pode-se elencar, sem aspirar esgotá-las, características e valores que, sem ser terminativos, delineiam o perfil em transição da sociedade rumo[1] à sua nova formatação e conceituação (pós-industrial?). Ei-los:

37. GLOBALIZAÇÃO

Não se deixará de cometer um erro histórico, asseverando ser novidade a Globalização do século XX. Historiadores, como *Arnold*

(1) A evolução do mercado de trabalho durante o período pós-industrial mostrou o seu deslocamento e uma transformação fundamental: a individualização do trabalho no processo de trabalho. Estamos testemunhando o reverso da tendência histórica (do assalariamento) do trabalho e socialização da produção que foi característica predominante na sociedade industrial. A nova organização social e econômica baseada nas tecnologias da informação visa a administração descentralizadora, o trabalho individualizante e mercados personalizados e com isso segmenta o trabalho e fragmenta a sociedade. CASTELLS, Manuel. *A sociedade em rede: A era da informação: economia, sociedade e cultura*. Tradução de Roneide Venâncio Majer. 4ª ed. São Paulo: Paz e Terra, 1999, v. 1, p. 285-286.

Toynbee ou *Cesare Cantu*, registram pelo menos quatro momentos da Humanidade (últimos 2.200 anos) em que situações globalizantes teriam ocorrido: *a)* No *Império Romano,* quando a lei, o exército legionário, a moeda, o poder político, a concentração urbana, tudo se originava, se exercia e se submetia à vontade da "Cidade Eterna", que administrava e submetia o mundo, à época conhecido; *b)* no momento das *Grandes Navegações*, de fins do século XV até meados do século XVII, pelo menos, quando os *ibéricos* (Portugal e Espanha, unificados ou em disputa) tinham a primazia dos mares e faziam deles caminhos para descobrir e conquistar terras e povos em regiões que, com o tempo, se denominariam Ásia, África e América. A tal ponto ia o domínio e a concentração de poder dos reinos espanhol e lusitano que, com a benção papal, firmaram tratados (século XV, metade do XVI) sobre terras conquistadas e, no de Tordesilhas, deram-se ao luxo de dividir, 'irmãmente", as que ficassem de um lado e de outro do meridiano tomado como divisor e que, *no futuro*, viessem a ser descobertas e colonizadas; *c) nos pródromos do século XVIII*, com a queda das corporações de ofício, a difusão da fisiocracia, o surgimento do contratualismo, a multiplicação dos negócios, a apropriação de valiosas matérias-primas, particularmente da América e também da Ásia, o custo do frete, a reformulação do modelo de poder político, consolida-se *Londres* como *centro decisório mundial*; o Império Britânico faz realidade, com a rainha Vitória, o sonho de imperar sobre tão extenso território que, sobre ele, o sol nunca se poria. Foi a *globalização mercantilista* que recebeu impulso com a Revolução Industrial; *d)* Por fim, *chega-se ao século XX*, às duas Grandes Guerras, à Guerra Fria, à evolução tecnológica, à produção crescente, à necessidade de novos mercados, à configuração político-jurídico-econômica, mais recente, das comunidades (estágio avançado de integração) *determinando*, com a celeridade da informação, mãe da comunicação social, o *surgimento da Globalização Contemporânea*, com seu foco concentrado de poder (Unipolar?).

A Globalização de que se passa a tratar é a sua *versão atualizada*, criadora de realidades econômico-financeiras, até pouco tempo, tidas como inimagináveis (o mercado de Londres, no exercício 2002, negociou mais de 80 (oitenta) trilhões de dólares, quantia bem superior ao *dobro* do *PIB* mundial naquele exercício), induzidas pela multiplicidade das transações, aceleradas pela virtualidade e seu poder de imediatidade. Globalização que lembra, na sua capacidade geradora de fatos e efeitos, a força da pedra arremessada ao centro das águas mansas do lago e seu poder de produzir ondas concêntricas que se disseminarão em todas as direções. *A Globalização*, reproduzindo modelos históricos na sua ambição de alcançar todos os quadrantes do mundo civilizado, não *"respeita"* fronteiras e utilizando-se da força midiática (particularmente dos meios eletrônicos de comunicação social), do apoio desbravador, porque constantemente inovante, da ciência em sua versão pragmática (isto é, da tecnologia), da interrelação institucional (sistemas integrados, comunidades, uniões), da natureza apátrida de empresas e especialmente dos fluxos de capital, *faz-se primeira atriz* nessa nova sociedade, de cujo quotidiano é, pelo menos parcialmente, responsável pelo *script*.

Quando usamos dados capazes de evidenciar o seu significado prático (hoje, pelo menos 22 transnacionais têm receita superior ao PIB dos 80 (oitenta) países mais pobres do planeta), mesmo sabendo que as multinacionais não nasceram no ventre da Globalização, nela encontraram, não só um adequado caldo de cultura, como um tônico por excelência.

O somatório, tão afim com a Globalização, da Comunicação Social com o *marketing;* da competitividade com a produtividade; da propaganda com a internacionalização mercantil; da produção seriada e da semi-seriada (tipo grife) com o "efeito-imitação", indutor do consumo e, às vezes, do seu desregramento (o consumismo), explicavam que, em cerca de 19.000 lanchonetes, em 97 países, a empresa McDonald vendesse 16.500.000 (dezesseis *milhões* e quinhentos mil) hambúrgueres-dia e que a Coca-Cola fosse capaz de comercializar por volta de 34 (trinta e quatro) milhões de latas/garrafas por hora em mais de 120 (cento e vinte) países do mundo.

A Globalização faz com que marcas — como essas — tenham por si (independente do produto, do patrimônio fixo, das linhas de crédito, dos contratos celebrados) valor de mercado que ultrapasse, no caso, a setenta/oitenta bilhões de dólares. Esse é um dos seus muitos efeitos transformando, como no exemplo, em fantástico bem, financeiramente convertível, algo intangível e que se faz valioso justamente pelo vigor que essa realidade omnipresente (Globalização) viabiliza. Isso (ou também isso) a faz uma das características distintivas, para alguns; ou até, parceira majoritária (para outros) da nova sociedade (pós-industrial?).

38. TEMPO LIVRE

Sem adotar a formulação defendida por *De Masi*, prevendo um tempo de exclusivo *ócio*, que será o momento criativo do porvir, não se pode deixar de consignar que o modelo laboral de transição, vigente na sociedade, é de acréscimo do tempo livre.[2] Não é mais pacífico o que foi dogma da Revolução Industrial[3], sintetizado no pensamento de FORD[4]: "quando se trabalha, trabalha; quando se joga, joga-se"[5]. Aceita-se a idéia de que os períodos de ócio, por diferentes meios, criam resultados produtivos, economicamente valoráveis. A diminuição da jornada de trabalho, fruto de conquistas trabalhistas, concretizando aspirações da classe operária e também decorrente do acréscimo de produção e produtividade originado pela tecnologia e seu subproduto, a automatização, libera compromissos contratuais. Esses períodos não-trabalháveis, particularmente para a massa empregada, ensejam momentos de vida disponíveis, de que não dispunha (ou contava em espaços bem menores) o assalariado. Para tal disponibilidade contribui o aumento da longevidade da população, fazendo com que se prorrogue o tempo de vida coincidente com a inatividade, decorrente da aposentadoria.

Não se há de chegar ao exagero de *Alexandre Koyre* que afirmava "não ser do trabalho que nasce a civilização e, sim, do tempo livre". A afirmativa obriga-nos a uma retificação: a intervenção nos padrões costumeiros de convivência e produção, determinantes de um estágio da Humanidade, denominado civilização, é usualmente efetivada por meio da vocação laboral do Homem (isto é, pelo trabalho), sem excluir as eventuais alterações oriundas da criatividade viabilizada em tempo livre ou de ócio. Alegar monopólio de uma ou de outra alternativa (trabalho ou tempo livre), na marcha inovadora da civilização, será posicionamento ao qual faltará alicerce científico. Ignorar a força do trabalho (particularmente nos últimos séculos) nas mutações é negar a realidade. Não registrar o acréscimo do

(2) "O uso judicioso do lazer, devo admitir, é produto da civilização e da educação". RUSSEL, Bertrand. *O elogio ao ócio*. Tradução de Pedro Jorgensen Júnior. Rio de Janeiro: Sextante, 2002, p. 30.

(3) A minha religião ordena-me que trabalhe desde a infância até a morte, que trabalhe à luz do sol e à luz do gás, que trabalhe dia e noite, que trabalhe sobre a terra e no mar, que trabalhe sempre e por toda parte.". LAFARGUE, Paul. *O direito à preguiça. A religião do capital*. Tradução de J. Teixeira Coelho Netto. São Paulo: Kairós, 1983, p. 69.

(4) "A data simbólica do fordismo deve por certo ser de 1914, quando Henry Ford introduziu seu dia de oito horas e cinco dólares como recompensa para os trabalhadores da linha de montagem". HARVEY, David. *Condição pós-moderna*. tradução de Adail Ubirajara Sobral e Maria Estela Gonçalves. São Paulo: Loyola, 2001, p. 122.

(5) "Toda a organização da força de trabalho — da seleção ao treinamento, da remuneração à carreira — tem por fim a criação de uma massa dócil e homogênea de trabalhadores capazes de servir a cada linha de montagem e à grande e completa linha de montagem que era a fábrica taylorizada. "Se a alguém não agrada trabalhar do nosso modo, sempre pode ir embora" diz Ford, sem meias palavras. DE MASI, Domenico. *O futuro do trabalho: fadiga e ócio na sociedade pós-industrial*. Tradução de Yadir A. Figueiredo. Rio de Janeiro/Brasília: José Olympio/UNB, 2000, p. 143.

tempo livre, particularmente em países e regiões industrializadas (sobretudo no 1º Mundo) é desconsiderar que dele, também, se originam novos modelos e comportamentos civilizatórios; seria olhar-se a História só pelo retrovisor. A possível sociedade pós-industrial conviverá, mais, ou menos, criativamente, com espaços alargados de tempo livre, ainda que seja difícil imaginá-la sem a significativa participação do trabalho, moldado à época porvindoura mas, de qualquer maneira, respondendo ao que parece ser vocação permanente e inata do homem e de seu destino produtivo.

39. EMOTIVIDADE

Identificada como sensibilidade, passaria a ser uma reação anímica prevalente nos *novos tempos*, pautada pela agudização do emocional, em confronto com o eminentemente racional, marca registrada da Sociedade Industrial. O entrechoque de comportamentos contrapostos está explícito nas frases discrepantes do racional *Georges Braque* ("amo a regra que corrige a emoção") em oposição à de *Juan Cris* ("amo a emoção que humaniza a regra"). Há de se convir que o "*animus*" criativo do homem é (ou deve ser) fruto da miscigenação temperada da emotividade com a racionalidade. Só assim se chegará ao criativo não-perfunctório e ao produtivo não-monótono.

40. INTELECTUALIDADE

O ingressar-se no espaço, mesmo periférico, da sociedade pós-industrial identificaria o predomínio das atividades cerebrais sobre as manuais, na lição de respeitáveis autores como *Bertrand Russell*. Teria chegado o tempo do virtual em detrimento do tangível. A afirmativa exige análise aprofundada. Basta lembrar que o operador informático, por exemplo, que envia mensagens rotineiras por computador, ou transfere depósitos pela internet, em ações repetitivas, exige muito menos de sua criatividade (intelecto) do que o exímio futebolista (esforço físico) que improvisa, como virtuose, jogadas surpreendentes e inovadoras. Quem opera preferentemente com a inteligência: o que, mesmo usando também de energia física, surpreende e cria, ou o que, apoiando-se em tecnologia asséptica e vanguardeira, sem desgaste corpóreo, padroniza sua atuação virtual?

Vale o cuidado, pois, para que não se estratifiquem radicais divisões, separando comportamentos que, usualmente, apresentam prevalência, e não exclusividade, de postura (intelectual ou física).

Não há, no entanto, como negar que a presença abrangente da máquina, programada e repetitiva, restringiu (e restringe) a atuação do homem em atividades que, antes, lhe eram inerentes. No horizonte de um tempo novo, de máquinas inteligentes, o trabalhador de hoje vê-se desafiado a sobreviver exitoso, se criativo; ou anular-se, marginalizado, se não especializado.

A criatividade, vinculada à intelectualidade[6], geradora e usuária a um tempo só, da tecnologia refinada, nos seus estágios mais elevados também cultiva, como faziam os clássicos gregos, o belo. A perspectiva, que anima futurólogos, é a de que, nos estágios superlativos da tecnologia, ela se una, pela arquitrave da harmonia, ao ideal estético, momento supremo da sua missão: eficiência com beleza; ciência produtiva com arte criativa.

Há quem já veja, mais do que prenúncios, exemplos concretos desse valorizar estético quando, como recorda *De Masi*, há pessoas que se preocupam mais com a armação (quer seja Armany, Boss ou Dior) do que com as lentes (Bausch Lomb, Zeiss etc) ao fazer seus óculos; ou quando se constata a expansão internacional das grifes do vestuário, das jornadas de lançamento da moda estacional ou da variedade de marcas e fórmulas de cosméticos hoje, não só femininos, mas também dirigidos aos homens. São novidades na valorização de procedimentos e de critérios que, mudando hábitos, exigências e novas necessidades da sociedade, alteram a produção, criam consumo e respondem, simultaneamente, à sua exigência, gerando setores de atividades, vinculando-se a específicas tecnologias e abrindo postos de trabalho. É a sociedade nova, voltada, como a greco-romana, para a estética do corpóreo e da apresentação pessoal, tão pouco destacada na monotonia do guarda-pó escolar uniformizante, descendente do cinzento macacão da Revolução Industrial.

Isso tudo, porém, não deve permitir que se omita o outro lado dessa travessia para o pós-industrial na barca da globalização, posto que, com ela, padronizam-se gostos e hábitos, modelos que achatam características culturais locais e impõem o importado global. Enfim, são os paradoxos que sempre "explicaram" o incompreensível perfil do homem; construindo a porvindoura sociedade estética da criatividade, e simultaneamente, submetido e submetendo as, até então diferentes, sociedades à força da repetição da máquina (por exemplo, quando se canta, como se fora por ato de fé, a canção de sucesso, num idioma do qual não se sabe uma só palavra).

---

(6) "O coração desta sociedade é a criatividade, não só científica, mas também estética" DE MASI, Domenico. *O ócio criativo*: Tradução de Léa Manzi. Rio de Janeiro: Sextante, 2000, p. 118.

41. ANDROGINIA

Eram os gregos, mesmo e sobretudo os mais intelectualizados, absolutamente machistas. *Platão*, em "O Banquete" — e também *Aristóteles*, *Alcebíades*, *Diógenes* — destaca a maior qualificação masculina, a quem, por isso, deveriam tocar (e tocavam) as posições de destaque e poder: líderes políticos, generais guerreiros, pensadores respeitados. Exercitava-se uma espécie de *androfilia* (não confundível com homossexualismo) em que os homens, julgando-se superiores, preferiam socialmente conviver (e conviviam) praticamente só com outros homens. Partia-se de uma presunção de coexistência entre iguais, numa exaltação da capacidade (entre os gregos, intelectual; na Revolução Industrial, produtiva) dos homens, posicionados na liderança societária. No período clássico, identificavam-se como melhores, excluindo as mulheres, porque se criam sábios; na sociedade industrial, porque se julgavam sabidos, capazes de fabricar, de negociar, de empreender. Às mulheres, reservava-se a tarefa da gerência doméstica não valorizada; suas reações emotivas, sua sensibilidade epidérmica, sua amorosidade, suas lágrimas ("homem não chora!") eram sintomas de sua debilidade (daí, a idéia do sexo frágil, também propagada na Antigüidade Clássica).

As mulheres, voluntariamente (quem sabe) mas, com mais segurança, se pode afirmar que, por omissão constrangida, foram cúmplices (talvez o termo seja muito pesado; melhor, contribuintes) dessa divisão classificatória, em que se lhes reservava uma hierarquia inferior e se lhes exigia um comportamento submisso. O machismo, como a hemofilia, é doença em que o homem é o enfermo mas a agente transmissora é a mulher. Na plenitude da Revolução Industrial, diminuída na lide da casa, desvalorizada como "meia força" nas suas poucas incursões laborais extralar, a mulher, como mãe, transmitia, ainda assim, aos filhos varões, desde o berço, o seu (dele) direito à prevalência; a sua vocação à liderança. A primogenitura masculina era galardão, respeitado pelas mulheres que, assim, por desconhecimento, temor e/ou acomodação, contribuíram para a estruturação de sociedades estratificadas com base na dominação masculina.

Na sociedade de novos padrões, em implantação, especialmente no mundo ocidental, enquanto máquinas assumem tarefas repetitivas, cansativas e insalubres, libera-se ou se cria um elenco de demandas laborais (na galeria de arte, na moda, no salão de beleza, na indústria do calçado, na informática, na medicina, no direito, na decoração etc) nas quais se exigem habilitações também, ou sobretudo, intuitivas, minudentes, estéticas e flexíveis. E tais aptidões são, em geral, mais encontradiças entre as mulheres.

Os(as) apressados(as), ante a mudança, que denota correções de rumo, com redução de injustificadas desigualdades, *já enxergam* o *que* não se vê (pelo menos, por enquanto) com nitidez: na arte, na ciência, na moda, na mídia, na política, *estariam chegando as mulheres e saindo os homens*. Melhor talvez reconhecer e proclamar que, realmente, chegam as mulheres mas não saem os homens, o que é mais um fator determinante da excessiva oferta ante a pouca demanda, num mercado de trabalho de crescente desemprego.

Apesar de, na crença de milagres científicos já se aceitar o nascimento do filho exclusivo da(s) mãe(s) (na expectativa do êxito da clonagem, admitindo-se exclusão do *desnecessário* "pai"), a recíproca não é, nem se projeta, como viável (filhos sem mãe). Não se admite, na sociedade pós-industrial, oportunidade de revanche e resgate, quando, respondendo aos tempos sofridos de *androfilia*, as mulheres implantariam o primado da *ginofilia*, crentes de que teria chegado a época das criativas, sensíveis, estetas, afetuosas e que, por isso, o amanhã se desenharia, fazendo de suas femininas características as excelsas virtudes societárias.

Se tal ocorresse, repetir-se-ia a injustiça praticada pelos homens, com danos para a convivência da sociedade. Homens e mulheres não são linhas paralelas na História; nem contrapartes de inglória e perene disputa. A Criação os fez e a Natureza os consagrou como complementares. De sua interdependência depende a harmonia da vida quotidiana do hoje e a construção — por egoísmo e/ou altruísmo — da sociedade de nossos pósteros. Fazê-la com um destino melhor, porque mais inteligentemente pacífica e mais justa na distribuição de seus resultados e ganhos, é tarefa que começa, passa e se conclui pelo equilíbrio andrógino. Homens e mulheres, atores principais; não coadjuvantes.

42. REESTRUTURAÇÃO DOS FATORES TEMPORAIS E ESPACIAIS

Desde o predomínio da atividade agro-pastoril, na chamada *sociedade rural*, os fatores "espaço" e "tempo" mereciam especial atenção. O agricultor e/ou o pastor punham sua sabedoria e experiência na área mais propícia — por potencialmente rentável — onde iam criar o gado e realizar o plantio. Também se valia da sua continuidade no *metier* para lidar adequadamente com a cronologia, escolhendo a adequada estação do ano para semeadura e fecundação, visando à produção da terra e dos animais domésticos. Em cada época, um plantio adequado para conviver com o clima predominante. Foi, assim, a sociedade rural vinculada à relação harmônica e produtiva do homem com elementos naturais, tempo e espaço, aos quais se empenhava de bem conhecer para tê-los como "parceiros" na sua atividade econômica.

Na *sociedade industrial*, o elemento cronológico acentua sua importância(7). O delírio da precisão, a linha de montagem, o volume de produção, a sincronização laboral transformaram o "tempo" numa obsessão. Toda a sociedade — sua realidade quotidiana, abrangendo ações e emoções humanas — passou a viver sob a égide do momento certo, da hora adequada, com a disciplina do relógio sendo a reguladora da vida societária. Tudo e todos passaram a ter horários quase que obrigatórios para os seus compromissos e mesmo para os devaneios de prazer. O trabalho, de dia, na fábrica; as compras, no fim do expediente; o amor, em casa, à noite; outras diversões, provavelmente nas folgas noturnas de sábado(8) etc.

É fruto da organização simétrica e uniforme da sociedade industrial a cronologia laboral, horários quase idênticos de "pegada" e "largada" das fábricas, gerando, inclusive, um óbvio e, às vezes, caótico congestionamento no trânsito; todos indo a e todos vindo de, no mesmo horário. A Revolução Industrial inventou o *rush* e decidiu que as artes, o lazer, as diversões seriam basicamente noturnas.(9)

---

(7) "Ao ditar a cadência do trabalho, a linha de montagem permite um grau de padronização da mão-de-obra que eliminou o operário zeloso ou o preguiçoso, pois ambos retardariam a marcha de produção. Através da esteira transportadora o fordismo fixa o operário em seu posto, fazendo com que as peças e os componentes venham até ele, para que "nenhum homem precise dar um passo", diz Ford. Essa obsessão pelo produtivismo em sua plenitude teve excelente representação no filme Tempos Modernos, de Charles Chaplin. CARMO, Paulo Sérgio do. *O trabalho na economia global*. 2ª ed. São Paulo: Moderna,1998, p. 44.

(8) Uma corrida frenética à eficiência e ao dinheiro que empanou muitos valores tradicionais, criou novos e estabeleceu, para uma parte da humanidade, as bases de uma existência finalmente livre da miséria, da fadiga, da dor e do autoritarismo. Essa libertação teve o seu preço: durante duzentos anos, tivemos que nos transformar em operários de uma imensa linha de montagem que funcionou em ritmos cada vez mais insuportáveis. Para obter uma adaptação maleável a esses ritmos, a sociedade industrial inventou mitos e ritos: separou drasticamente trabalho e tempo livre; segregou mulheres em casa; encerrou os homens na empresa, ocupados em funções produtivas e em fazer carreira. A racionalidade e a prática (consideradas como forças viris positivas) foram separadas da emotividade e da estética (consideras perigosas fraquezas femininas). DE MASI, Domenico. *O futuro do trabalho: fadiga e ócio na sociedade pós-industrial*. Tradução de Yadir A. Figueiredo. Rio de Janeiro/Brasília: José Olympio/UNB, 2000, p. 61.

(9) Uma séria de experiências nos domínios da organização industrial e da vida social começou a tomar forma (...) um regime de acumulação inteiramente novo, associado

Com ela, puseram-se as fábricas, nas primeiras cidades industriais próximas umas às outras, numa espontânea e não planejada gênese do que viria a ser o programado (pelo menos, teóricamente) distrito industrial. E porque as indústrias se agruparam, longe do centro citadino, perto delas, numa ocupação espacial ainda mais anárquica mas imperativa, os proletários, formando as primeiras favelas (as "*bidonvilles*" francesas, particularmente parisienses), precariamente se instalaram, em subhabitações.

Foi essa definição de áreas específicas, com pruridos de funcionalidade, que a sociedade industrial fez vingar; os bairros operários, as zonas industriais, a área governamental, os quarteirões das diversões, as regiões educacionais e assim por diante. Chegou-se ao ponto da requintada concepção de *Niemeyer/Lúcio Costa*, no planejamento de Brasília, onde há os "guetos" funcionais (plano dos ministérios, área dos bancos, setor do comércio, e outro das indústrias, e um terceiro dos hospitais etc etc) mas os há também — e bem luxuosos — reunindo moradias dos iguais ou similares (apartamentos dos Deputados no bloco "x", dos Senadores no "y"; casa dos funcionários do Banco do Brasil na "Asa Sul", dos servidores militares na "Asa Norte" etc). Não foi suficiente, na concepção dos famosos projetistas, que as pessoas tivessem horários semelhantes, que trabalhassem por afinidade funcional em blocos comuns. Impunha-se (e se impõe, até hoje) que morassem em quarteirões condominiais ou contíguos. Força-se o que pode não ser (e muitas vezes não é) do agrado das pessoas, restritas física e cronologicamente a um mundo vinculado da sua atividade profissional, mesmo na sua vida privada.

Com o surgir e acentuar-se da transição, rumo[10] à sociedade pós-industrial, passa-se a admitir uma *desestruturação dos fatores espaço e tempo* [11]. Ainda se preservam horários padrões na vida

---

com um sistema de regulamentação política e social bem distinta. HARVEY, David. *Condição pós-moderna*. Tradução de Adail Ubirajara Sobral e Maria Estela Gonçalves. São Paulo: Loyola, 2001, p. 140 .

(10) Se na sociedade industrial, centrada na produção em bens materiais, foi a fábrica que ditou as formas de trabalho e sua organização de acordo com Taylor e Ford, na sociedade pós-industrial, centrada na produção de bens não materiais, é a informação, o conhecimento, a tecnologia que ditam as novas formas de trabalho. GOMBAR, Jane. "A tecnologia da informação e o mundo do trabalho na sociedade pós-moderna". Dissertação de mestrado. UCS, p. 28.

(11) "Neste aspecto, é importante a idéia de tempo-espaço, que difere frontalmente do sentido tempo-espaço da sociedade industrial, como de longa duração, onde as coisas demoravam para acontecer. O tempo linear, irreversível, mensurável e previsível está sendo fragmentado". GOMBAR, Jane. "A tecnologia da informação e o mundo do trabalho na sociedade pós-moderna". Dissertação de mestrado. UCS, p. 50.

econômica mas já se vêem excepcionados com o trabalho a domicílio ou com o teletrabalho genericamente considerado; com os liberados do ponto, os de horário variável ou com retribuição por resultado. De outro lado, joga-se futebol em dia útil; os motéis têm funcionamento ininterrupto; sessões de cinema ocorrem à tarde; o comércio abre aos domingos; empregados trabalham nos fins de semana e outros folgam, usualmente, no decurso dela. Não surpreende o contrato a tempo parcial, e já se legalizou o banco de horas. Com apoio de vasta gama de utensílios e equipamentos oferecidos pela tecnologia e[(12)] de inegável vantagem utilitária (fax, telefone celular, internet e especialmente o computador, em suas múltiplas versões) faz-se tudo, em qualquer lugar, a qualquer hora.

Flexibiliza-se a dependência de tempo e espaço[(13)]. A visão rigorosa e limitadora da sociedade industrial, avessa às improvisações criativas, submissa à padronização monótona, não teria mais o monopólio dos batimentos reguladores da vida individual e coletiva. A criatividade crescente cobra e exige o direito à personalização dos procedimentos, permitindo e amparando o ser original. A competitividade aberta obriga o empreendedor a não ser previsível, rotineiro mas, ao competir com a concorrência, mostrar-se estrategista, surpreendente. Inovadoramente flexível. Enfim, progressivamente, tempo e espaço deixam de ser impositivos, dominantes, transformando-se em ancilares e ajustáveis, na passagem de substantivos a adjetivos.

43. VALORIZAÇÃO QUANTITATIVA DO VIVER

A consciência de que não basta, mesmo com a força da fé, transferir para um tempo desconhecido, pós-vida, os deleites de felicidade, cabendo buscar melhor o desfrute durante a vida terrena,

---

(12) A presença de um computador em cada escritório agilizou um posicionamento radicalmente novo para as duas categorias ancestrais da nossa vida racional: tempo e espaço. E como a organização é uma vida relacional, a informática modifica profundamente a organização e a sua atitude criativa. DE MASI, Domenico. *O futuro do trabalho: fadiga e ócio na sociedade pós-industrial*. Tradução de Yadir A. Figueiredo. Rio de Janeiro/Brasília: José Olympio/UNB, 2000, p. 182.

(13) "Uma nova civilização está emergindo em nossas vidas. (...) essa nova civilização traz consigo novos estilos de família; novos modos de trabalhar, amar e viver; uma nova economia; novos conflitos políticos e, em última análise, também uma profunda alteração da consciência do homem. Fragmentos dessa nova civilização já existem hoje. Milhões de homens já estão ordenando sua vida pelos ritmos de amanhã. Outros, aterrorizados com o futuro, se desesperam e futilmente refugiam-se no passado, procurando restaurar aquele velho mundo que lhes dá segurança. TOFFLER, Alvin. *A terceira onda*. Tradução de João Távora. 19ª ed. Rio de Janeiro: Record, 1993, p. 206.

une crentes e não-crentes. Aqueles, por acreditar que a qualidade de vida terrena não lhes retira o direito a recompensas futuras, talvez celestiais; os últimos, porque não prevendo um tempo posterior em que se lhes possa recompensar, optam por encontrar respostas compensatórias na trajetória terrena. Os que pensam viver outras vidas não acreditam na necessidade de, nesta, não gozar das bemaventuranças que — crêem — viverão também no depois; os que, mais céticos, duvidam da posteridade, dão corpo à tese de *Luciano de Crescenzo:* "vive-se uma só vez, logo é agora que se tem de viver mais e melhor".

Esse destacar a qualidade de vida, fazê-la prioridade para cada um e para a sociedade, é uma postura progressiva com relação aos tempos em que se confundia o trabalho com uma pena, e a vida com um sacrifício transitório de expiação. Idéias, se não exclusivas, dominantes na sociedade industrial. O qualificar a vida, fazê-la, na medida do possível, conseqüência do desfrute, à qual cada um tratará de oferecer um tratamento peculiar, é sintoma de novos tempos em que o criativo desafia o repetitivo, e o agora passa a disputar, vantajosamente, a prioridade do viver.

44. NOMADISMO E LIVRE CIRCULAÇÃO

Não há dúvidas de que a sociedade só chegou a sê-lo, na medida em que o homem atreveu-se a andar, a deslocar-se. Internado, originariamente, na caverna, protetora e limitativa, suas incursões como caçador marcaram o início de seu processo de ousadia, instigada pela luta em prol da sobrevivência (caçar para alimentar-se). Depois, veio o desafio dos vales e das águas piscosas; o atrevimento em perseguir presas mais volumosas e saborosas; o pastoreio exigindo andança e a incipiente agricultura pressupondo a descoberta de terras mais cultiváveis.

Começa-se, pois, a afirmação do sentimento grupal da Humanidade em paralelo com a sua necessidade (e vocação) de circular. É o seu perfil nômade. Tempos primitivos conviviam com (e estimularam) um nomadismo, se não permanente, freqüente.

Passados milênios, alteradas as eras, afirma-se que uma das características — chega-se a falar em *valor típico* — da sociedade pós-industrial seria o nomadismo[14], renovando-se, com alarde de descoberta, o que, guardadas as peculiaridades, acompanha a sociedade desde tempos imemoriais.

---

(14) "Representa uma nova revolução existencial que, junto com a organização do trabalho, mudará também a organização e a qualidade de vida. Mesmo porque, radical e

O novo, na manifestação nômade, identificada com a transição, é que o deslocar-se seria, na contemporaneidade, não apenas um ato *físico* (como sempre foi) mas também uma ocorrência exclusivamente *virtual*.

As pessoas reagem de uma forma *bivalente*, em regra geral. Têm *impulsos* sedutores de *vagar pelo mundo*, defrontar-se com o desconhecido; desbravar, lidar com o novo, experimentando-o, para isso não se atemorizando com distâncias mas também, atraídas pela idéia do "*dolce far niente*", do comodismo, querem, às vezes, *deixar-se estar*, sem curiosidade e sem arriscar incômodos, "enfiando os confortáveis chinelos no protegido recôndito do lar".

Ensinava a pesquisa, liderada pela Antropologia Social, que a *Lucy*, o mais antigo esqueleto intacto — com mais de um milhão e quinhentos mil anos — além de mulher e jovem (na casa dos 20 anos teria ocorrido sua morte e sepultamento, início do humano na História) *era nômade*. Investigações científicas garantem que ela saberia andar, *ereta*, e sua prática de vida (por segurança ou busca de alimento) era dormir na copa das árvores. Sempre diferentes, a cada noite.

Foi, pois, como nômade que, na evolução da espécie, o bípede homem buscou atacar e defender-se; viver e sobreviver.

Só muito depois, esse ser itinerante (de pouso incerto e domicílio inexistente), "*apenas*" cinco mil anos antes de Cristo, estabiliza-se. Deixa de lado seu nomadismo (a origem etimológica remete a pasto e a pastorear) e, na Mesopotâmia, cria as primeiras configurações de vida em grupo, estacionárias, gênese das cidades de hoje. Eram as aldeias de UR e URUK que, com o tempo, chegaram — números "macroscópios" para a época — a trinta mil habitantes.

Hoje, ainda há preferências e divergências entre sedentarismo e nomadismo; foi escalando escarpas e/ou descendo à profundez das cavernas que o homem *fez descobertas* importantes, que só a intrepidez do risco poderia ensejar; foi, afoito, aproveitando o andar nas planícies e o singrar mares desconhecidos, que ele pôde *fazer saber*, difundindo tais descobertas.

Os nômades jamais se destacaram pela criação de obras de arte. Arquitetura, pintura, escultura exigem detalhamento, minúcia criativa. Isso cobra permanência, que nunca os sensibilizou e jamais os deteve. Ao contrário, aproveitaram sua itinerância para ins-

---

global, essa revolução aterroriza, embora seja salvadora" DE MASI, Domenico. *O futuro do trabalho: fadiga e ócio na sociedade pós-industrial*. Tradução de Yadir A. Figueiredo. Rio de Janeiro/Brasília: José Olympio/UNB, 2000, p. 277.

tituir e professar grandes religiões (islamismo, p.ex.), aperfeiçoar a astronomia (não lhes era difícil conhecer, pela observação, o céu estrelado) e disseminar seus renovados conhecimentos e convicta fé.

A urbanização crescente, os costumes estratificados, as limitações e exigências dogmático-religiosas seja na Baixa Idade Média, no seu auge (em tempos de Corporações de Ofício) e, depois, já na Revolução Industrial — com a padronização imobilista do produzir e a fixação da grande população operária em torno da fábrica — diminuíram o nomadismo. Apenas fenômenos circunstanciais de saúde ou melhor, de sua falta (como as "*pestes*"), de guerras (pressionando grandes migrações européias para América Latina, na segunda metade do século XIX) alterariam, como exceções, confirmando, por isso mesmo, a regra.

Na contemporaneidade, *seja porque*, com a Globalização, as fronteiras econômicas afrouxam e os negócios se multiplicam, aproveitando mecanismos altamente facilitadores como os viabilizados pela imediatidade das comunicações; *seja porque* a competição, num mercado aberto, se faz mais exigente e, por isso, é *preciso ir* em busca do ganho, criar a transação, "perseguir" o cliente; *seja porque* se vive mais, como atestam progressivos índices de longevidade, se tem mais tempo e, por decorrência, mais oportunidade para vencer a permanência estática; *seja porque* se criou e desenvolveu-se de forma acelerada o turismo, oferecendo paisagens e prazeres estimulando a que se viesse a desfrutá-los por meio da viagem, *fez-se inequívoco que*, com os atuais meios de transporte, múltiplos, individuais e, sobretudo, coletivos, rápidos e interligados, os tempos vestibulares da *sociedade pós-industrial* criassem e passassem a conviver com um novo e turbilhonante nomadismo.[15]

Ao lado dos indutores referidos, circunstâncias político-econômicas, como o "Renascimento europeu", pós 2ª. Guerra, sob o manto da comunidade, gerou, a partir da década de sessenta, um polo de atração *intracontinental* (a prosperidade alemã "chamando" italianos do sul, turcos e espanhóis; a recuperação francesa atraindo portugueses etc) e, *depois*, *extracomunitária* (com os países da União Européia sendo alvo de um fantástico processo centrípeto migratório de árabes-orientais, asiáticos e, sobretudo, africanos). Era, e ainda é, (sofrendo barreiras e repressões dos nacionais e comunitários) a *batalha pelo emprego* que, décadas atrás, quando farto,

(15) "Trabalhador móvel é o trabalhador migrante, estrangeiro ou forasteiro, sujeito a deslocamentos espaciais ocasionais ou mesmo sazonais". MARTINS, José de Souza. "Por uma pedagogia dos inocentes". São Paulo, *Tempo Social*, v. 13, n. 2, p. 23, 1989.

distribuía-se entre todos. Agora, restrito e seletivo, leva a manifestações excludentes de reserva de mercado com tonalidades de discriminação xenófoba[16].

Cabe registrar que a tecnologia mais recente viabilizou um nomadismo que, sendo real pelo plano virtual, não se realiza pelos padrões que, historicamente, o caracterizavam: isto é, o *deslocamento da pessoa* [17]. Pode-se, hoje, estar em toda a parte, intelectualmente, sem ir a lugar algum, fisicamente. É o resultado do que se poderia considerar convivência global e instantânea. Implanta-se, destarte, um *nomadismo virtual* (ou intelectual), graças, sobretudo, à *internet* (e não apenas a ela) que, se não bane o sedentarismo, a acomodação física pelo imobilismo, rechaça o isolacionismo, o enclausuramento.

A nova sociedade, inclusive no que tange a ações laborais, pode até diminuir o ir-e-vir, o '*iter*' rotineiro do trabalho(tão peculiar e característico da Revolução Industrial), na medida em que vai incorporando o *trabalho em domicílio* (incrementado pela ferramenta informática), com sua nomenclatura contemporânea de *teletrabalho*[18], ocorrendo em qualquer lugar, a qualquer momento. Assim, os *microdeslocamentos* rotineiros podem até diminuir; em compensação as *grandes* viagens (transcontinentais, interestaduais etc etc) já se incorporam à rotina, quer da vida produtiva, quer dos atrativos do lazer (turismo).

Há quem afirme que a sociedade pós-industrial, se e quando efetivar-se plenamente, será fruto do *deslocamento*[19], da movimentação, tanto de pessoas, quanto de mercadorias (também de idéias

---

(16) Acresce que as empresas podem recorrer ao teletrabalho em regiões do país fora de sua sede central ou mesmo em outros países, onde os salários são mais baixos. PEDREIRA, Pinho. "O Teletrabalho". Revista LTr, n. 64-05, p. 587, maio 2000.

(17) Os conceitos de tempo e espaço industriais estão passando por transformações semelhantes. O tempo monolítico, dia de trabalho, limitado por um espaço monolítico, o local de trabalho, não são absolutos como o fluxo de trânsito matinal e os prédios de escritórios retangulares dão a entender. A centralização da revolução industrial está dando lugar à descentralização da revolução da informação. KUGELMASS, Joel. *Teletrabalho: novas oportunidades para trabalho flexível.* Tradução de Geni G. Goldschmidt. São Paulo: Atlas, 1996, p. 25.

(18) A modalidade do teletrabalho se dá quando: "trabalhadores instalados em suas casas, dispondo de equipamentos que os mantêm conectados com a empresa ou com a rede de trabalhadores com os quais cooperam, podem processar informações(por exemplo, todo o tipo de trabalho burocrático e administrativo que é feito, atualmente, nos escritórios das empresas), produzir idéias (*marketing*, campanhas publicitárias), projetar objetos, vender e comprar mercadorias" SILVA, Lorena Holzmann." Trabalho a Domicílio". *In:* CATTANI, Antônio David (Org.). *Trabalho e tecnologia: dicionário crítico.* Petrópolis/Porto Alegre: Vozes/Editora da UFRGS, 1997, p. 277.

(19) Hoje, a mobilidade se tornou praticamente uma regra. O movimento se sobrepõe ao repouso. Os homens mudam de lugar(...)mas também os produtos, as mercadorias,

e imagens virtualizadas). As mercadorias serão conseqüência de um '*mix*' produtivo de componentes de várias e até de longínquas regiões (não surpreendem, hoje, automóveis em que se encontram participações — mão-de-obra, local de montagem, origem das peças — de até 12 países). É o *nomadismo, não só do homem* (seu histórico agente) *mas* do resultado de *sua criação*.

Encaminhar-se-ia a sociedade para um novo tempo, no qual se estaria superando a etapa duradoura da vida sedentária, de estreitos horizontes físicos (tão costumeira até o século XIX e parte inicial do século XX). Solidifica-se nova modelagem: a do *nômade pós-industrial*[20], que, à viagem física — mais larga e habitual — estaria adicionando o ilimitado *passeio virtual. Viaja-se*, pois, agora, *por toda a parte, com a mente*, mesmo quando o corpo não sai do mesmo lugar e até prefere o comodismo ou a acomodação dos "chinelos caseiros".

O cidadão da nova sociedade, que o exigirá criativo, será um viajante, esteja onde estiver, porque, mesmo imóvel, os meios de comunicação e a navegação virtual o conduzirão a roteiros que, fisicamente, não poderia, e talvez não saberia percorrer.

---

as imagens, as idéias. Tudo voa. Daí a idéia de desterritorialização. Desterritorialização é, freqüentemente, uma outra palavra para significar estranhamento, que é, também, desculturização. SANTOS, Milton. *A natureza do espaço: técnica e tempo, razão e emoção*. São Paulo: HUCITEC, 1996, p. 262.

(20) Conceitos como teletrabalho, teleprocessamento, teleconsultoria ou telemedicina absolutamente ininteligíveis há meia dúzia de anos, hoje são realidades operacionais. Um negócio pode ser montado rotineiramente com financiamento nas Bahamas, gerenciamento em Frankfurt, tecnologia japonesa, logística em Chicago, auditoria em Estocolmo. Que legislação trabalhista, que discursos sobre soberania nacional ou que reservas de mercado fazem sentido diante disso tudo? CAMPOS, Roberto. "As esquerdas neoburras". *Folha de São Paulo*, abr. 1999, p. 8.

CAPÍTULO VIII

AS DÚVIDAS NA CERTEZA

45. A SUBSTITUIÇÃO DE CULTURA

Silvano Arietti conclui que *criatividade* é "momento de síntese entre o consciente e o inconsciente; entre o racional e o emotivo". Assim, ela é distintivo da sociedade pós-industrial, que sem abrir mão (ou desvencilhar-se) de características da ainda atual — em mutação — sociedade industrial, já tem traços de inovador perfil.

Essa criatividade-símbolo, sem ser mero adereço, é a que, originária das idéias, é capaz de torná-las vivas, concretá-las. Une o imaginário, a fantasia, com a realidade, o resultado.

A grupalização, que se foi avolumando na História da Humanidade, também nela se reflete, de maneira que se reconheça a existência, na atualidade, de uma *criatividade que nasce do grupo*. Instrumentaliza-se por ser (e como) *um fenômeno social coletivo*. A ação e a reflexão do conjunto societário (ou de parcelas dele organizadas) decorrem do pensar e do criar de pessoa(s) que os vão, encadeadamente, repassando (na condição dúplice de destinatários e remetentes) o que dos outros adquiriram, seja pelo exemplo ou por ensinamento formal. As "*nossas*" idéias, por mais particulares, exclusivas e personalizadas que se queira (ou se pense) que elas sejam, não são — para o bem ou para o mal — *só* produto da (minha) nossa mente: resultado de uma só pessoa, mas de um sucessivo universo humano criativo, que sofre influências conjunturais, e que, ao fim, lega ao homem, expositor final, o direito e o encargo de assumir sua paternidade e defender seu conteúdo.

É por isso que se estaria a notar, em empresas contemporâneas, o redirecionamento de sua ênfase, passando do executivo ao ideativo; da prática volumétrica à valorização estética; da substância à forma; perigosamente do duradouro ao efêmero; do pré-científico ao pós-científico (considerando aquele como o momento antecedente à mais refinada tecnologia); da precisão rigorosa à aproximação estimada. Nesse elenco indicativo estariam modelos genéricos, cuja decantação analítica evitaria extremismos doutrinários ou radicalizações teóricas.

O que se evidencia nesse mapeamento de propostas, hierarquias, tendências e valores da ascendente sociedade pós-industrial é o fato de que nela habitariam, majoritários, os trabalhos e os trabalhadores intelectuais, para onde nos estaria a conduzir o vento da mudança.

Não se confunda ao, teoricamente, elencar a prevalência do efêmero sobre o duradouro que os tempos em construção erguerão alicerces para uma etapa na qual triunfará a superficialidade. Não. Há clara aversão, no presumido porvir, pela mediocridade e pela banalidade. O que se está prevendo não é a exaltação da imagem ilusória desprovida de conteúdo e envolucrada na sedução da aparência; ao contrário, é o destaque para o substantivo, em detrimento do mero adjetivo, ressaltando-se, no entanto, que a tônica da *criatividade* (pilha do novo tempo) é a sua constante *mutação*, que a justifica e explica. É a *idéia* de que *as boas idéias* de hoje são suscetíveis, pela força inventiva do homem, de, num amanhã próximo (ou a qualquer momento), ser superadas por *idéias melhores* desse próprio homem que, logo, as fará novamente ultrapassadas, por *novíssimas e ainda melhores idéias*.

Esse ritual de progressiva inovação, fruto do humano criar e descobrir, explicaria o efêmero ante o duradouro. A convicção de que o inesgotável idear e a interminável fantasia humana explicam o perfil do novo tempo.

Há de reconhecer-se, por tudo isso, que se está, inclusive, diante da *substituição de* uma *cultura*.

Estaria esgotando-se uma cultura dita *moderna*, onde se encontrariam, como partícipes, o *laboral* (enfocado sob o prisma do sacrifício produtivo) e, nele, a *especialização*, levada à minudência do conhecimento, na sua máxima limitação; *feita, de outra parte, superlativa*, por profunda, desse saber específico. Nessa cultura se teria, como objetivo, um resultado material e pragmático, isto é, o *consumo* que, eventualmente, se deixaria levar a incontidos e prejudiciais limites, o consumismo.

Estaria a construir-se substitutivamente *uma outra*, que se definiria, conceitual e cronologicamente, como *pós-moderna* e que animaria seus otimistas idealizadores, num misto de prognóstico esperançoso e pretensiosa previsão científica, identificando-a com *o bem-estar* e a *interdisciplinariedade*; contesta(ria) a estratificada idéia anterior de sabedoria, ao afirmar: “quem sabe tudo só de algo, não sabe nada de tudo". A nova organização societária estaria (ou estará) desenhando-se com finalidades e objetivos que se definem claramente: subjetividade, afetividade, qualidade de vida e trabalho, onde este, particularmente, não é pena e encargo mas exercício desfrutável do saber produtivo. *Não faltam*, no entanto, *para contestar tal modelagem, os que vêem, no século XXI*, a *Centúria da Violência*, no qual, com ela, se protagonizam(rão) episódios turbulentos e se armam(rão) cenários de conflitos reais. Não acreditam, os que identificam na confrontação grupal o destino da cidadania hodierna, que o homem seja capaz de alterar o cotidiano de uma vida contemporânea prevista, a seu juízo, para atritos e agressões, tanto individuais quanto coletivas. Preparar-se para atenuar esse hostil descompasso da sociedade seria, para quem rejeita esse agressivo amanhã, a missão do porvir, lembrando-nos que, na lição de *Raquel Soifer*, "educar é ensinar o cuidado da vida". Insistem, por isso, numa prevenção cautelosa a fim de que a transição não conclua sua translação e se faça irreversível; a precocidade recomendável da terapia faria lembrar *Hegel*, criticando os tardios e os acomodados ante os fatos preocupantes previsíveis: "não se pode, como na filosofia, que elabora a teoria após os fatos terem ocorrido, imitar a coruja, só alçando o vôo depois do entardecer". Cabe, pois, acautelar-se ante a ameaça prevista pelos que acreditam ser inevitável o risco da brutalização, versão oposta e até predominante à dos que crêem num destino de afeto e solidariedade.

Grécia e Roma, onde se registraram tantos lances poéticos, teorias filosóficas, florescimentos artísticos lato senso, ao lado de perspicácia política e da formulação jurídica, *não* marcaram seus fecundos períodos intelectuais pelo progresso tecnológico, e pela inovadora presença de instrumentais rentáveis e/ou cômodos. O novo, em tais períodos, era desprezado ou até punido, como o "relógio d´agua", ao tempo de *Platão*, ou a sugestão, feita por *Tales de Mileto*, do desvio das águas do rio Halys para que passasse o exército de Creso. Isso para não falar no desapreço pelos primitivos autômatos da Arquita de Taranto ou pelas catapultas de Erone.

Nada avançou. Nada foi utilizado; nem seus inventores, como tal, prestigiados. A cultura de tais épocas e seu processo civilizatório dispunham de outro tipo de "máquinas" e "equipamentos": os *escravos*, submissos e inúmeros. Só depois de *Galileo, Newton*, *Descartes* e seus parceiros contemporâneos foi que a *exatidão*, até então desprezada, avançou durante cerca de 300 (trezentos) anos, colonizando os campos da Ciência e da Técnica.

Disso decorreu o frenesi, o preciosismo do preciso; a busca da quantidade, do volume afirmativo; do obsessivo planejamento de produção e de consumo. Foram esses princípios que animaram a fábrica e, por ela, foram aperfeiçoados e superlativizados, desembocando-se numa nova escravidão, determinada pelo *cronômetro de Taylor.*

O universo "fabricado" pela industrialização, pelo compromisso com o exato, fruto da administração científica, era (seria) um *universo rígido*. Projetado para não surpreender. É possível — mais que isso, é provável — que se tenha chegado à etapa de, progressivamente, superá-lo, com o advento desse presumível (ora em construção) *mundo novo*, em cujo centro não mais se encontraria a rigidez do pré-estabelecido, nem a admissão incontroversa do disciplinado mas a flexibilidade, a variabilidade do criativo estimulante ou do surpreendente contundente. Seria hora de optar, na encruzilhada desafiadora dos tempos, entre a modelagem sensível da afetividade ou a imposição conflitiva da violência. Escolher, se nos couber (ou coubesse) a chance dadivosa; ou submeter-nos, se for imposta a agressividade por circunstâncias superiores ao nosso querer individual.

46. TRABALHO E ÓCIO: O USO DO TEMPO

Ante a realidade dessa continuada transformação dos tempos de dominação quase exclusiva da *execução* pré-estabelecida e disciplinada para o que se presume venha a (ou possa vir) ser a prevalência da *flexibilidade*, ajustável e criadora, há de se reservar espaço para a alardeada valia do *ócio*[1]. *De Masi,*[2] seu porta-voz na contemporaneidade, reúne argumentos para enunciar a tese de que, até mesmo um país, tido como eminentemente pragmático, Estados Unidos, seria, hoje, fundado na predominância do *ócio* e *na economia dele* decorrente. Segundo seu alegato, o adulto estadunidense, enquanto dedicaria menos de *80 (oitenta) mil horas* de sua existência

(1) "Ócio se diz em grego *skolé*, em latim *schola* e em castelhano *escuela*. Desse modo, os nomes com que se denomina os lugares em que se levava a cabo a educação — inclusive a educação superior — significava ócio. A raiz *skolé* implicava, do ponto de vista semântico, os atos de parar ou cessar, indicando, portanto, as idéias de repouso ou paz. Mais tarde, significou ter tempo desocupado ou, especificamente, ter tempo para si mesmo". PIERRE, Josef, *in El ócio y la vida intelectual*. 2ª ed., Madri: Rialp, 1970, p. 12, citado por Sarah Bacal, *op cit.*

(2) A quantidade e a qualidade do trabalho, a abstração, a virtude, a flexibilidade e a criatividade que o caracterizam cada vez mais, a possibilidade de desestruturá-lo no tempo e no espaço, a progressiva confusão com estudo e tempo livre desviam a atenção para o ócio e lhe conferem um novo valor DE MASI, Domenico. *O futuro do trabalho: fadiga e ócio na sociedade pós-industrial*. Tradução de Yadir A. Figueiredo. Rio de Janeiro/Brasília: José Olympio/UNB, 2000, p. 297.

(1/3 do seu tempo médio de vida na estatística de 2001) ao *trabalho*, disporia de *170 (cento e setenta) mil horas* (2/3 de seu "saldo" médio vital) para o denominado *tempo livre* (ou *não-trabalho* convencional tradicional).

Aliás, *Bertrand Russell*, precursor na conceituação e divulgação da primazia do ócio, em 1935, no surpreendente *Elogio do Ócio*, em tom iconoclasta, afirmava: "neste mundo, trabalha-se demais e, seguramente, incalculáveis males derivam da convicção de que o trabalho é algo virtuoso e até mesmo santificado". Sem deixar-se dominar do entusiasmo "russeliano", *Keynes* também valorizava o tempo livre face à obrigação formal do trabalho, concluindo pelo potencial de produtividade que haveria, em e para certas atividades, se liberado o agente laboral, a fim de que pudesse dispor, espacial e cronologicamente, de sua força criativa. Enfatizava que o publicitário, de quem se cobra o *slogan* chamativo; o jornalista, de quem se quer a crônica diária fluida e analítica; o magistrado, de quem se aguarda, confiante, a fundamentada sentença, teriam mais chance de encontrar a melhor inspiração — sem a qual não lograriam seu adequado desempenho funcional — longe da sala cinzenta, guarnecida pelo relógio de ponto, da burocrática repartição ou da padronizada corporação. Até poderia concluir-se, ante tais raciocínios, que, no passado, o trabalho colonizou o tempo livre, enquanto, no porvir, o tempo livre colonizará o trabalho; o *agora* seria, tipicamente, *um momento* (passageiro ou demorado, na dependência das circunstâncias espaciais, sobretudo nacionais) *de transição*.

Os animados expectantes por esse prevalecer do *tempo livre* chegaram ao tom abusivo de valorizar, como verdadeira, a afirmativa: "o homem que trabalha perde — e faz perder — um tempo precioso". Partiam de idéias isoladas, segundo as quais a sociedade humana sempre evoluiu, afirmando que, antes do que chamam "desvario laboral da Revolução Industrial", os aristocratas — líderes intelectuais dos tempos idos — não tinham disciplina nem exigências produtivas. Segundo *De Masi*, mesmo os escravos de antanho trabalhariam, objetivamente, muito menos que os operários de hoje, tomando-se por referência a atual média horária laboral universal.[3]

O asseverado estaria alicerçado na idéia de que foi a Revolução Industrial a responsável pelo alargamento desumano da jornada

---

(3) "Há uma contorção forçada para que os seres humanos, reduzidos a operários, se submetam a um regime que despersonaliza, reorganiza e usa suas energias, buscando a renúncia a qualquer autonomia em troca de um salário. DE MASI, Domenico. *O futuro do trabalho: fadiga e ócio na sociedade pós-industrial*. Tradução de Yadir A. Figueiredo. Rio de Janeiro/Brasília: José Olympio/UNB, 2000, p. 143.

de trabalho [(4)] (do que não há dúvida, em termos de metas exigidas, controles de horário efetivo mas não exatamente no tempo disponível e na submissão estendida do indivíduo até seu grupo familiar).

Parte-se da presunção de que nossos trisavós viviam, em média, 300 (trezentas) mil horas, ou seja, entre 32/35 anos, dos quais dedicavam ao trabalho por volta de 120 (cento e vinte) mil horas (de 12 a 14 anos); ao dormir, reservavam 100 (cem) mil horas (entre 10 e 12 anos). Descontado o tempo de infância e os dedicados à rudimentar escolarização, sobravam-lhes entre 3 a 4 (três a quatro) anos para atividades domésticas, reprodutivas, obrigações de higiene, alimentação e estágio final de velhice. Desses compromissos e tarefas múltiplas e, no meio delas, teriam de separar um tempo (obviamente, mínimo) para o *lazer*, numa época em que a diversão não era aceita pacificamente como algo muito normal na vida do cidadão respeitável.

Na atualidade, mesmo para quem cumpre exigentes turnos laborais — tomando-se por referência o 1º (Primeiro) Mundo — desde que se exclua o período de infância e o obrigatoriamente dedicado à escola fundamental (ou básica) — no Brasil, 8 (oito) anos — o *tempo que sobra*, livre de cansaço e sono — supera 300 (trezentas) mil horas, por volta de 33/34 anos, ou seja, aquele que representava toda a vida média de nossos tri e bisavós. Tal estudo parte da constatação de uma longevidade média, nos países desenvolvidos, segundo o Bureau Demográfico da ONU, de aproximadamente 80 (oitenta) anos, isto é, ao redor de 700 (setecentas) mil horas.

Religiões, durante muito tempo, e muitas delas até hoje, prometem(eram), no "outro mundo", entre as benesses da eternidade, a conquista do ócio. O pós-morte, para os virtuosos e crentes terrenais, os recompensaria com a dispensa do trabalho, visto como pesado e sacrificado encargo, imposto ao homem como exigência de expiar pecados e pagar por hereditária culpa. A dura labuta seria pena para a Humanidade redimir-se, como espécie, do pecado original. Destarte, *se o trabalho* aqui é virtude obrigatória para pagar débitos geracionais e acumular créditos-prêmio de bemaventurança posterior, deixá-lo de lado, desvalorizá-lo, em favor do *ócio*, seria, nesse enfoque histórico-teológico, uma concessão ao *vício* e ao

---

(4) Na era industrial, os trabalhadores ficaram tão emaranhados nos ritmos da maquinaria mecânica, que freqüentemente descreviam sua própria fadiga em termos de máquina – queixando-se de estarem desgastados ou passando por esgotamento. RIFKIN, Jeremy. *O fim dos empregos: o declínio inevitável dos níveis de emprego e a redução da força global de trabalho*. Tradução de Ruth Gabriela Bahr. São Paulo: Makron Books, 1995, p. 206.

pecado. Tanto na concepção católica, mas sobretudo entre calvinistas e luteranos — e, logicamente, nas igrejas ramificadas que deles decorreram — quer a educação familiar como a escola propriamente dita tinham (e tem), se não como propósito exclusivo, pelo menos como uma das destacadas metas prioritárias, a *preparação* do jovem para o *Trabalho*, entendendo que este é, ainda, um de seus maiores objetivos da vida. Com tal filosofia educacional, dominante no mundo inteiro — em maiores ou menores proporções — renova-se a valia do *trabalho* como a (ou uma das) missão(ões) finalística(s) do indivíduo, levantando-se, com isso fortes barreiras à pretensão mudancista (crescente, por sinal) destacando o tempo livre. *De Masi*, inclusive,[(5)] questionando, irado, metodologia e objetivos educacionais contemporâneos, indaga: "será adequado, na atualidade, *preparar-se, prioritariamente*, na educação formal, o jovem para *80 (oitenta) mil horas de trabalho* e *relegar-se* ao quase *esquecimento* escolar as mais de *400 (quatrocentas) mil* horas de vida útil-média de *não-trabalho*?

Para ele, deve orientar-se o estudo, tanto para o trabalho quanto para a distração, reconhecendo-se que o ócio é arte refinada e insubstituível fonte de idéias. E faz a apologia — excessiva e quase extravagante — do Carnaval do Rio de Janeiro que serviria de modelo a essa configuração simbiótica do trabalho com o prazer, a partir da visão de um porvir generoso e inteligente de ócio criativo. O Carnaval carioca reuniria, a seu juízo, a criação decorrente do prazer estético, com a produção material e objetiva, traduzida em riqueza numericamente avaliável. Seria a vivência de um pluralismo criativo, conseqüência de uma preservada (?) identidade cultural. Envolver-se-ia no processo mais gente (entre projetistas, executores, intérpretes e platéia reativa, portanto direta e indiretamente), do que em muitos macroprojetos de multinacionais como a IBM ou a General Motors. Ao mesmo tempo, a sua valorização pragmática do empreendimento burlesco estaria no fato de que a mobilização e o giro financeiros por ele proporcionados (correntes turísticas, comercialização de bens, prestação de serviços, encomendas industriais) superariam (?) os maiúsculos números da Petrobrás, por exemplo.

Talvez o que teria escapado à percepção do criativo cientista seria o fato de que quanto mais implica em atividade negocial, exigindo aporte de investidores, preponderância de profissionais no

(5) "A solução pode vir somente de um novo modelo de vida, capaz de reverter os vínculos em oportunidades, a falta de trabalho em liberação do trabalho" DE MASI, Domenico. *O futuro do trabalho: fadiga e ócio na sociedade pós-industrial*. Tradução de Yadir A. Figueiredo. Rio de Janeiro/Brasília: José Olympio/UNB, p. 279.

seu preparo e execução, ligações públicas e menos públicas (com parceiros, às vezes questionáveis), o Carnaval — fantástico evento numa visão macroscópica — perde substancial parcela de seu conteúdo de espontaneidade criativa e raiz cultural genuína. Envereda, então, pelo caminho do custo-benefício, trabalho-inversão-resultado do "*show business*". Há, nele, objetivamente, muito de compromisso e obrigações para um grande contingente de pessoas, de quem se exige rendimento e se paga pela produção, ainda que também exista uma significativa parceria que, apenas, prazerosamente, interage com o espetáculo, dele desfrutando.

De Masi acredita que a fábula milenar modelada por *Esopo*, da cigarra e da formiga, precisa ser reanalisada. O sucesso não seria mais da *formiga* — símbolo do trabalho disciplinado, da competição, dos que lutam por fazer para ter, dos ditos produtivos operosos — *mas da cigarra*, capaz de usufruir qualitativamente seu tempo de vida, valorizando o ócio e aproveitando-o para ser criativa no seu artístico cantar. Seria o símbolo da sociedade pós-industrial, posto que, bem informada e demonstrando ser grupo crescente, cultuaria o *tempo livre*, espaço cronológico em que se qualificaria a vida com a utilização simultaneamente prazerosa e produtiva do ócio.[(6)]

Bertrand Russell, crítico, dizia que "a idéia de que o pobre possa gozar o ócio sempre incomodou o rico".[(7)] No seu enfoque, haveria reação dos mais aquinhoados, geralmente detentores do poder, entendendo como herética a projeção de uma sociedade, no amanhã, em que o lazer venha a ser um bem acessível a todos, independente do *status*, e particularmente de nível patrimonial; sociedade essa para a qual *Bertrand Russell* previria a "maior importância do colchão cômodo em detrimento da escrivaninha mais funcional".

---

(6) O ócio criativo é uma arte que se aprende e se aperfeiçoa com o tempo e com o exercício. Existe uma alienação por excesso de trabalho pós-industrial e de ócio criativo, assim como existia uma alienação por excesso de exploração pelo trabalho industrial. É necessário aprender que o trabalho não é tudo na vida e que existem outros grandes valores: o estudo para produzir saber; a diversão para produzir alegria; o sexo para produzir prazer; a família para produzir solidariedade, etc. Entrevista Exclusiva com DE MASI, Domenico. Disponível em: www.wibwdiz.com.br/gente/pires/domeni-co. Acesso em 22 de setembro de 2005.

(7) "Eu era ainda criança quando, pouco depois de os trabalhadores urbanos terem conquistado o direito de voto, e para a total indignação das classes superiores, os feriados públicos foram legalmente instituídos. Lembro-me de uma velha duquesa exclamando: "O que querem os pobres com esses feriados? Eles deviam estar trabalhando." Hoje em dia as pessoas são menos francas, mas o sentimento persiste, e é fonte de boa parte de nossa confusão econômica. RUSSEL, Bertrand. *O elogio ao ócio*. Tradução de Pedro Jorgensen Júnior. Rio de Janeiro: Sextante, 2002, p. 29.

Não há dúvida de que há fortes, persistentes e crescentes elementos inovadores na trajetória cotidiana da sociedade, que a podem levar — e provavelmente a levarão — para destino diferente do de outrora. Também é verdade, no entanto, que o barco que a conduz tem, na tripulação e na estrutura material, muito de similitude com o que singrava (e ainda singra) os tempos da Revolução Industrial. Prever a mudança não seria antecipar, com certeza, a verdade. Negá-la, como resultado de uma variação histórica, conduzida por um fio indestrutível da própria identidade humana, é contestar o que seria uma revolução, sem admitir sequer uma provável e significativa reforma atualizadora[(8)].

De Masi, proponente de um porvir do exclusivo (que seria também criativo) ócio, afirma que a sociedade do tempo livre não é uma "profecia", conseqüentemente voltada para o futuro[(9)]. Seria — numa assertiva de discutível comprovação — uma constatação do presente. Há exagero e visionarismo no garantir que a sociedade de hoje já é predominantemente calcada no lazer. Registrar sua existência, grifar seu crescimento, não autoriza que se negue o óbvio visível: a sociedade atual, seja no 1º ou no 3º Mundo, ainda está balisada — e fortemente — pelo fator trabalho e, ainda na sua versão empregatícia. Não se nega que, sobretudo nas civilizações nas quais a tecnologia se faz sentir de maneira mais operativa, os cidadãos trabalham cada vez mais com máquinas — por isso mesmo, autônomas — que produzem cada vez mais. Dessa constatação partir-se-ia para a formulação de um modelo de tempo liberado, não exigível pelo trabalho, conseqüentemente disponível para o ócio. Cabe, no entanto, ponderar que há regiões geograficamente consideráveis e grupos populacionais contados em bilhões de habitantes onde a utilização da máquina mais produtiva a serviço do homem mais disponível é mera ficção, o que, sem invalidar o argumento (raciocínio) anterior, restringe-o a áreas específicas e a civilizações definidas.

---

(8) A responsabilidade de mudança, por conseguinte, está em nós.Devemos começar com nós mesmos, ensinando-nos a não fechar as nossas mentes prematuramente à novidade, ao surpreendente, ao aparentemente radical. Isso significa repelir os assassinos de idéias que arremetem para matar qualquer nova sugestão, alegando sua impraticabilidade, enquanto defendem o que quer que exista agora como prático, por mais absurdo, opressivo ou impraticável que possa ser novidade para matar qualquer nova sugestão. TOFFLER, , Alvin. *A terceira Onda*. Tradução de João Távora. 19ª ed. Rio de Janeiro: Record, 1993, p. 433.

(9) "Quatro fases da atual distribuição internacional do trabalho: a da ideação, a da decisão, a da produção e a do consumo". É o momento do tempo livre, no sentido da redução do tempo de trabalho, para dispormos da criação, através da união de três elementos: o estudo, que produz conhecimento; o trabalho, que produz riqueza; e o ócio, que produz alegria e criatividade. DE MASI, Domenico. *O ócio criativo*: Tradução de Léa Manzi. Rio de Janeiro: Sextante, 2000, p. 120.

47. O ONTEM FUTURO DOS GREGOS

Originariamente, o preconizado amanhã de *De Masi* seria o ontem dos gregos. O modelo desenhado e previsto para o futuro é o que teria vigorado na Atenas, de Péricles, como forma civilizatória da "idade do ouro" helênica. *Platão*, nos seus devaneios didáticos, visando à formação de uma elite, insistia que os conteúdos mais valiosos a ensinar aos jovens seriam as práticas ritualísticas da *Ginástica* — porque assegurariam a harmonia e a simetria do corpo — e os segredos dos acordes criativos da *Música* (pőr meio dos quais se chegaria à harmonia espiritualizante).

Aristóteles, seu sucessor genial na arte do pensar, agregava, como também indispensáveis, a fundamentação *gramatical* ("as idéias consistentes só persistem se registradas") e o *desenho* (mais do que a pintura), para ele, instrumento insubstituível na simulação do projetar.[10]

E com tais prioridades na preparação dos jovens — sempre visando a uma sociedade mais sábia — *Aristóteles* ensinava que *só se admitiria* a guerra, quando fosse feita em função da e para assegurar a paz; a dedicação às coisas necessárias e úteis se assegurassem a preservação e a criação das coisas belas; *e a atividade rotineira em função da garantia do ócio subseqüente*. Para ele, por isso mesmo, poderia concluir-se, à luz da sua vivida realidade, *o trabalho* seria *uma profissão*, uma tarefa; *o ócio*, *uma arte*, criativa e surpreendente.

Poder-se-á vivê-lo, diz *De Masi*, prevaricando, roubando, violentando, extorquindo; enfim, malbaratando-o. Infeliz, provavelmente, e infelicitando os demais. Poder-se-á, *porém*, vivê-lo, com Ética, fazendo-o vantajoso para si e para os demais, o que, idealisticamente, o fará (faria) feliz e aos outros também. Seria a fórmula e a forma, otimista, de atingir o desfrute pleno da cidadania, na apropriação do conhecimento e, por meio dele, bem direcionado, gerando qualidade de vida pessoal e contribuindo para a coletiva. Seria, talvez, o caso recomendável de agregar a essa esperançosa formulação, a imprecação de D. *Hélder Câmara:* "quando se sonha só, é só um sonho; quando se sonha junto, é, ou pode ser, o começo de uma nova realidade". Se foram muitos os que sonharem juntos, talvez possam transformá-la de diáfana fantasia em justa e feliz realidade.

---

(10) "O filósofo fala também da vida de ócio em contraposição à de ação, entendendo por ações as atividades dirigidas para obtenção de fins. Refere-se a ações visíveis, mas não alude ao dinamismo interior da natureza contemplativa ou especulativa. Não considera a diversão *(paidía)* nem o recreio *(anapáusis)* como ócio, uma vez que são meios necessários para reconduzir o ser às atividades do trabalho". BACAL, Sarah. *Op. cit*. p. 42.

48. CONSTRUTOR DO ONTEM, SUJEITO DO HOJE, PROPOSTA DO AMANHÃ

Qualquer tentativa de projetar ou redesenhar o tipo de sociedade futura, que se está construindo ou reconstruindo — e, para alguns, destruindo — no presente, passa por uma avaliação de modelagem política do homem de hoje, projetável para o amanhã. Tal enfoque vale, mesmo quando o eixo do processo analítico for o fator trabalho e, suas prioridades conseqüências econômicas (produção/consumo) e sociais (emprego/ocupação/distribuição de renda).

De Masi sintetiza sua frustração ao dizer que, no passado, rejeitou o modelo proposto pelo comunismo ditatorial porque o via opressor e incapaz, desestimulante de criar riquezas; e também recusou o capitalismo voraz porque o sentiu alienante e incapaz de distribuir equitativamente a enorme massa de riqueza que incentivou a criar.

John Rawls, em 1971, em *Uma Teoria da Justiça* (*A Theory of Justice*), mesmo sendo um fiel seguidor do pensamento liberal, inspirado em *Kant*, *Stuart Mill* etc, tentou decifrar um dos enigmas mais complexos da sociedade democrática, isto é, conciliar "direitos iguais numa sociedade de desiguais". Preocupou-se, apesar de fiel às idéias matrizes de *Locke*, em harmonizar as ambições materiais e de ascensão social, peculiares, sobretudo, aos mais talentosos com as esperanças renovadas, e usualmente frustradas, dos menos favorecidos, na busca de melhorar sua vida e posição na sociedade. O empenho de *Rawls* era encontrar a fórmula que pudesse harmonizar reconhecimento e premiação de mérito que coincidisse com a idéia de igualdade.

Para *Rawls*, a solução de tão intrincada equação de poucas, mas tão enigmáticas incógnitas, estaria na prioridade a que se deveria dedicar a sociedade democrática moderna de amparar os menos favorecidos, fazendo-o através do chamamento à eqüidade. Para encaminhar tal visão ideal, *à lei* — instrumento prevalente de execução do processo — haveria *de* se *atribuir* a missão preponderante de reparação das injustiças sociais e históricas[11]. Existiria

---

(11) "A elaboração de uma lei, portanto, que organize um sistema nacional de emprego, dentro da concepção aqui proposta, deve conter os seguintes pontos: definição de princípios e objetivos abrangentes; distribuição clara de competências e atribuições entre os diferentes níveis de governo; estabelecimento de canais que garantam a participação da sociedade; delimitação de funções e responsabilidades das instituições privadas, inclusive com determinação de critérios para o aporte de recursos públicos, quando for o caso; criação de mecanismos que garantam a articulação entre os diversos programas

uma *obrigação*, não só ética, mas também pragmática (visando ao equilíbrio, para a melhor convivência societária) dos que viveriam em situação melhor com vistas a ajudar os que se encontrariam em situação desfavorável[(12)].

Buscar-se-ia a adoção de uma política de *compensação social*, já adotada, parcialmente, em alguns estados norte-americanos, nos quais se facilita acesso a empregos públicos, aos bancos universitários, a serviços governamentais etc etc, para os que constituem minorias (étnicas, sexuais etc) mas, sobretudo, para grupos, até majoritários, de pessoas em situação de carência material[(13)]. É a implementação da meta de fazer com que a sociedade, aspirando a ser de *bem-estar-social*, maximize seus esforços, auxiliando os que se encontram objetivamente inferiorizados. É uma tentativa, buscando assegurar extensão do exercício de direitos individuais, no limite máximo de sua capacidade, desde que isso esteja *compatibilizado com a liberdade do outro.*[(14)]

---

que integram as políticas públicas de emprego, incluindo-se aí aqueles custeados com recurso do FAT, bem como os que contam com recursos do Orçamento da União". ("Reforma do Estado e Políticas de Emprego no Brasil", *op. cit.*, p. 166). AZEREDO, Beatriz no artigo *Políticas públicas de emprego no Brasil.*

(12) "Nunca parece excessivo reafirmar que, em situações de estrema desigualdade social, uma parte significativa da melhoria das condições de sobrevivência digna da população de baixa renda depende do seu acesso ao circuito da cidadania. Saúde e educação em primeiro lugar, sobretudo para garantir melhores oportunidades às novas gerações, e complementação de renda, de prestação continuada, para os mais frágeis são elementos essenciais de qualquer formulação de direitos sociais básicos". SULAMIS, Dain e SOARES, Laura T, *op. cit.*, p. 58.

(13) "A inclusão do chamado desemprego de inserção (o caso de jovens com dificuldades de obter o primeiro emprego) no âmbito do seguro-desemprego, que já vem sendo feita por muitos países, deve ser vista com cautela entre nós. Afinal, os baixos níveis de escolaridade da população indicam que há um importante espaço de políticas públicas a ser explorado em articulação com o sistema educacional. Buscar formas de aumentar o tempo de permanência dos jovens nas escolas, bem como de envolver as empresas tanto na contratação de jovens quanto em sua formação profissional, parece ser mais indicado neste caso do que a simples concessão de seguro-desemprego a essa clientela." AZEVEDO, Beatriz , *op. cit.*, p. 133.

(14) "A flexibilização dos contratos de trabalho, o reforço dos programas de formação profissional e o avanço de subsídios para desempregados ou de créditos para segmentos sociais fragilizados não podem representar uma alternativa adequada de enfrentamento da crise de emprego nesse final de século. Pelo contrário, parecem acentuar o grau de desigualdades, enquanto as políticas de mercado de trabalho tratam de amenizar a situação de desemprego e de precarização das ocupações, impedindo que alcancem níveis que comprometam a estabilidade social, econômica e política desses países. Mas até quando isso será possível é uma questão que fica em aberto. Afinal, os baixos níveis de escolaridade da população indicam que há um importante espaço de políticas públicas a ser explorado em articulação com o sistema educacional. (artigo "As políticas de geração de emprego e renda", *in Reforma do Estado e Políticas de emprego no Brasil*, *op. cit.*, p. 123). POCHMANN, Marcio.

Tal formulação é (e foi) uma resposta-tentativa para enfrentar as contradições e crescentes conflitos dos tempos recentes e atuais. Passo adiante, mesmo considerando os avanços concretos da social-democracia européia — que já fora progresso humanizante à ortodoxia socialista e ao autoritarismo comunista — adotando uma política social com pretensão pragmática. Tropeçara, no entanto, na exigência de real solução do desafio teórico-jurídico, com projeção nos campos social e econômico, proposta pela realidade contemporânea. O próprio *Habermas* considerou as alternativas de *Rawls* marcos na história do pensamento, abrindo caminho efetivo — e não mera intenção — para implantação de direitos compensatórios às minorias e aos inferiorizados. Estaria, com ele, vislumbrando-se a realização da chamada Ação Afirmativa (*Affirmative Action*), mudando roteiro e, ao mesmo tempo, traçando rota nova para a teoria social moderna. O pensamento, feito ação, de *Rawls*, também se infiltrou em camadas do tecido liberal, adensando-o com a exigência de responsabilidades, não prevalentes, mas significativas, para o Estado, que tal escola, originariamente, queria ausente de procedimentos voltados à atenuação de desníveis de pessoas e/ou de grupos. Inspirando-se na trilogia identificada como símbolo do liberalismo ativo (Liberdade, Igualdade e Fraternidade), fez ver, em nome da terceira, e como forma de preservar o direito-conquista (que é a primeira) o quão seria importante, em termos de oportunidades, assegurar a segunda (Igualdade). Com isso, sem desmerecer a importância do mérito individual e a valia da criatividade, chamou a atenção, mesmo no liberalismo, para um encargo estatal de equalização, que não desnaturaria a doutrina. Ao contrário, humanizando-a, a faria mais justa.

Não se pode assegurar que tenha sido o projeto da Grande Sociedade que tenha impulsionado à concretização fática a teoria de *John Rawls*. O que parece claro é que suas posições, difundidas universalmente, foram as que lançaram bases sólidas, ético-jurídicas, para os(as) atuais e múltiplos(as) projetos que visam à reparação de rotinizadas desigualdades, contra as quais a sociedade, mais do que indignar-se inoperantemente não só precisa, mas deve realisticamente, atuar, reparando-as.

Imprescindível ter em mente o *movimento político que o amanhã gerará e sofrerá*. O destino já contestado, enquanto força de pressão e instrumento decisório, dos *corpos intermediários* (sindicatos, partidos políticos, Parlamento etc), bem fragilizados[15]; a *peculiar e*

(15) "A alocação de recursos sociais que se dá através do Estado resulta de complexas relações macropolíticas travadas no plano do poder público envolvendo, além das prin-

paradoxal situação das religiões — das tradicionais às pontuais atuais; das de práticas rigorosas às de surpreendentes liberalidades — avançando nas conquistas políticas terrenas (dos aiatolás à postura de estadista de *João Paulo II;* do comando ensandecido dos "mulás" aos pastores "eletrônicos" das Américas), todas cresceram na influência sobre transitórios e materiais poderes e, regra geral, diminuíram sua ascendência espiritual e credibilidade mística; o próprio *Estado tradicional* vendo contestada a sua jurisdição e competência, reduzido, em muitos lugares, a *Estado mínimo* (na euforia das privatizações, ora já revisitadas) ou, com mais moderação, a *Estado possível*(16); o crescimento de algumas transnacionais — apátridas estruturas econômicas de poder também político — enquanto outras sossobram no entredevorar-se da competição ininterrupta pela sobrevivência que está escrita no legado de seu próprio destino. Enquanto isso, países pobres invejam os emergentes, que invejam os desenvolvidos que invejam, junto com os outros, a felicidade que, até hoje (ou ainda), não conquistaram.

Ocupando espaço central — que, às vezes, lhe é indevidamente negado — *está o homem*: construtor do ontem, sujeito do hoje, proposta criativa do amanhã. Enfim, o ser racional: motor e vida de sempre, em razão de quem se mobilizam partidos, reivindicam sindicatos, funcionam parlamentos; criador dos Estados e das comunidades e seu titular (eventualmente feito súdito). Crente e legionário de todas as religiões, perseguindo a imagem do seu Deus, de Quem se atribui descendência e com Quem se intitula semelhante, mesmo sem conhecê-Lo na intimidade mas Nele acreditando piamente por ato de fé. Esse animal político aristotélico protagonizará — ombreando-se com o *robô*, sua criatura mais que perfeita, com o *clone*, seu híbrido irmão natural-artificial — o *dia do amanhã*; a sociedade do futuro, que parece se aproximar a cada hora, mas sem data certa para chegar.

---

cipais instituições do Estado (como governo e parlamento), outras instituições e grupos (tais como classes sociais, partidos políticos, sindicatos). Tal conjunto de relações poderia ser localizado, com finalidades analíticas, no campo da Política. A ação de Estado resultaria de jogos e embates sobre o montante, a forma e o destino dos recursos sociais. Assumida pelo Estado (e reconhecida pela sociedade) como função legal e legítima, a proteção social se institucionaliza e toma formas concretas através de políticas de caráter social. (artigo "Sistemas de Proteção Social", publicado no livro *Reforma do Estado e Políticas de emprego no Brasil*, *op. cit.*, p. 11). DI GIOVANNI,Geraldo.

(16) "Uma condição vital para promover um novo tipo de desenvolvimento é preservar recursos do Estado central garantindo a capacidade de investimento público, ou seja, recuperar o papel do investimento público como balizador do desenvolvimento econômico e social, o que, em última instância significa resgatar o poder das políticas públicas". SULAMIS, Dain e SOARES, Laura, *op. cit.*, p. 35

Talvez não chegue nunca mais, porque simplesmente já chegou. Ou está chegando a cada instante, com o renovar-se e o envelhecer da vida.

Faz-nos imaginar sua presença fugidia ou sua marcante expectativa um misto de fábula e aspiração, como no conto de *J. Luis Borges* em que o discípulo, intrigado e esperançoso, indaga se o Paraíso existe; mestre Paracelso diz-lhe que sim; e, surpreendentemente, diz-lhe mais: que é *nesta* Terra; mas diz que o *Inferno também existe* e consiste em não nos darmos conta de que vivemos no paraíso possível ao homem.

Será? Será tanto? Será tão pouco?

BIBLIOGRAFIA

(Autores e obras citadas)

ANTUNES, Ricardo. *Adeus ao Trabalho? Ensaio sobre Metamorfoses e a Centralidade do mundo do Trabalho*, São Paulo: Editora Cortez/ Editora da Universidade Estadual de Campinas, 9ª edição, 2003.

________. *Os sentidos do trabalho: ensaio sobre a afirmação e negação do trabalho*. São Paulo: Boitempo, 1999.

ARENDT, Hanna. *A condição humana*. Tradução de Roberto Raposo. Rio de Janeiro: Forense, 1999.

ARISTÓTELES. Política.

BARBOSA, Maria Ligia de Oliveira. *Para onde vai a classe média: um novo profissionalismo no Brasil?* São Paulo: Tempo Social, v. 10, 1998.

BECK, Ulrich. *Un Nuevo Mundo Feliz,* Barcelona: Paidós, 2000.

________. "Entrevista". *Folha de São Paulo*, São Paulo, 23 de maio de 1999. Caderno Mais.

BECK, Ulrich; GIDDENS, Anthony; LASCH, Scott. *Modernização reflexiva: política, tradição e estética na ordem social moderna*. Tradução de Magda Lopes. São Paulo: Unesp, 1997.

BEYME, Klaus Von. *Teoría política del siglo XX: de la premodernidad a la postmodernidad*. Madri: Alianza Editorial, 1994.

BOISSONNAT, Jean. *Le Travail dans Vingt Ans*, Paris: Éditions Odile Jacob, La Documentation Française, 1995.

________. *2015: Horizontes do Trabalho e do Emprego*, São Paulo: LTr Editora, 1998.

CAMPOS, Roberto. "As esquerdas neoburras". Folha de São Paulo, abril de 1999.

CASTELLS, Robert. *Les Métamosphoses de la question Sociale*, Paris: Tayard, 1994.

________. "As transformações da questão social". In: BÓGUS, Lucia; YAZBEK, Maria C. e Belfiore — WALDERLEY, M (orgs.). *Desigualdade e a questão social*. São Paulo: ECUC, 2ª edição, 1997.

________. *As metamorfoses da questão social: uma crônica do salário*. Petrópolis, Vozes, 1998.

________. "Visões sobre o trabalho em transformação" — texto extraído da Internet, site www.scielo.br

________. *A sociedade em rede: A era da informação: economia, sociedade e cultura*. Tradução de Roneide Venância Majer, 4ª ed. São Paulo: Paz e Terra, 1999, v. 1.

CATTANI, Antonio David. *Trabalho e Autonomia. Petrópolis*: Vozes, 1996.

________: *Trabalho e Tecnologia: dicionário crítico*. Petrópolis/Porto Alegre: Vozes/Editora da UFRGS, 1997.

CARMO, Paulo Sergio do. *O trabalho na economia global*. 2ª ed. São Paulo: Moderna, 1998.

COELHO, Simone de Castro Tavares. *Terceiro Setor: um estudo comparado entre Brasil e Estados Unidos*. São Paulo: SENAC, 2000.

COUTINHO, Luciano. "A terceira revolução industrial e tecnológica: grandes tendências de mudanças". Economia e Sociedade. Campinas, n. 1, p. 70, 1992.

DE MASI, Domenico. *Desenvolvimento sem Trabalho*. São Paulo, Editora Esfera, 1999.

________. *A sociedade pós-industrial*. Tradução de Anna Maria Capovilla. 3ª ed. São Paulo: Senac, 2000.

________. *O ócio criativo*. Tradução de Lea Manzi. Rio de Janeiro: Sextante, 2000.

________. *O futuro do trabalho: fadiga e ócio na sociedade pós-industrial*. Tradução de Yadir A. Figueiredo. Rio de Janeiro/Brasília: José Olympio/UNB, 2000.

________. "Entrevista exclusiva" disponível em: www.wibwdiz.com.br/gente/pires/domenico.

DRIMER, Alicia e DRIMER, B.K., *Las cooperativas: Fundamentos, historia, doctrina*. Buenos Aires: Intercoop, 1981.

DUMAZEDIER, Jofre. *A Revolução Cultural do Tempo Livre*. São Paulo: Studio Nobel: SESC, 1994.

DUPAS, Gilberto. "O novo paradigma do emprego. São Paulo em Perspectiva". São Paulo, n. 3, 1998.

FERREIRA, Aurélio Buarque de Holanda, *Dicionário Eletrônico Aurélio Século XXI*, Rio de Janeiro: Nova Fronteira, 2000.

FORRESTER, Viviane. *O horror econômico*. Tradução de Álvaro Lorencini, 4ª ed. São Paulo: Unesp, 1997.

FREYSSENET, Michel. *A Divisão Capitalista do Trabalho, Tempo Social*. Dossiê organizado por H. Hirata, São Paulo: USP, vol. I, n. 02.

GIOVANI, di Geraldo. "Temas de proteção social: uma introdução conceitual", no livro *Reforma do Estado e políticas de emprego no Brasil*. Campinas: Unicamp, 1998.

GOMBAR, Jane. "A tecnologia da informação e o mundo do trabalho na sociedade pós-moderna". Dissertação de mestrado. UCS, 2002.

GORZ, A. *Trabalho entre a utopia e a miséria, Metamorphoses du Travail*, Paris: Galileé, 1988.

_________. *Adeus ao proletariado: para além do socialismo*. Rio de Janeiro: Forense, 1982.

HARVEY, David. *Condição pós-moderna*. Tradução de Adail Ubirajara Sobral e Maria Estela Gonçalves. São Paulo: Loyola, 2001.

HOBSBAWM, Eric. *A era dos extremos: o curto século XX (1914-1989)*. São Paulo: Companhia das Letras, 1995.

HUNTINGTON, SAMUEL P. *El Choque de Civilizaciones*, Barcelona: Paidós, 2001.

JOSEF PIERRE. *El ócio y la vida intelectual*. 2ª ed. Madri: Rialp, 1970.

KUGELMASS, Joel. *Teletrabalho: novas oportunidades para trabalho flexível*. Tradução de Geni G. Goldschmidt. São Paulo: Atlas, 1996.

KUMAR, Krishan. *Da sociedade pós-industrial à pós-moderna: novas teorias sobre o mundo contemporâneo*. Tradução de Ruy Jungmann. Rio de Janeiro: Jorge Zahar, 1997.

KURZ, Roberto. *O Colapso da Modernização (Da Derrocada do Socialismo de Caserna à Crise da Economia Mundial)*, São Paulo: Paz e Terra, 1992.

LAFARGUE, Paul. *O direito à preguiça. A religião do capital*. Tradução de J. Teixeira Coelho Netto. São Paulo: Kairós, 1983.

LA FUENTE, M e SÁINZ, P. (2001). "Participación de los pobres en los frutos del crecimiento". *Revista de la CEPAL*. Naciones Unidas, Santiago de Chile, dec., pp. 161-170.

LIMA, Maria Marta Rodovalho D. "Acidentes do Trabalho. Responsabilidades relativas ao meio ambiente laboral". *Jus Navegandi*, Teresina, a. 8, n. 472, disponível em www1.jus.com.br/doutrina/texto.

LUHMANN, Nijlas. *Sociologia del riesgo*. Tradução de Javair Torres Nafarrate. México: Universidad de Guadalajara/Universidad Iberiamericana, 1992.

MARGLIN, Stephen. "Origem e funções do parcelamento das tarefas — Para que servem os patrões"? *in:* GORZ, André. *Crítica da Divisão do Trabalho*. Tradução de Estela dos Santos Abreu. São Paulo: Martins Fontes, 2001.

MARTINS, José de Souza. "Por uma pedagogia dos inocentes". São Paulo: Tempo Social. v. 13, n. 2, 1989.

MATTOSO, Jorge. *A desordem do trabalho*. São Paulo: Scritta, 1995.

________. "Mínimo Salário Mínimo". *Jornal do Economista* n. 133, 2001.

MARX, Karl. *Manifesto Comunista. O Capital*. Rio de Janeiro, Civilização Brasileira, livro I, vol. 1, 1971.

MEDA, D. *Le Travail, une valeur en voie de disparition*, Paris: Aubier, 1995.

________. *O trabalho: um valor em vias de extinção*. Lisboa: Fim de século — Margens, 1999.

MÉSZÁROS, I .B. *Beyond capital: towards a theory of transition*. [s.l.] Berlin Press, 1996.

OFFE, Clauss/ HINRICH, Karl. "Economia social do mercado de trabalho: diferencial primário e secundário de poder", *in Trabalho & Sociedade — Problemas Estruturais e Perspectivas para o Futuro da Sociedade do Trabalho*, vol. I, Rio de Janeiro: Tempo Brasileiro,1989.

________. *Trabalho e Sociedade: Problemas estruturais e perspectivas para o futuro da sociedade do trabalho*. Tradução de Gustavo Bayer e Margit Martincic. Rio de Janeiro: Tempo Brasileiro, 1991.

OIT — Convenção de 1988 — "Organização do Serviço de Emprego".

OLIVEIRA, Carlos Alonso Barbosa de. *O mundo do trabalho: crise e mudança no final do século*. São Paulo: Página Aberta, 1994.

PLATÃO. *O Banquete*.

PEDREIRA, Pinho."O Teletrabalho'. *Revista LTr*, n. 64-05, maio de 2000.

RAWLS, John. *Uma Teoria da Justiça*. Londres: 1992.

RIFKIN, Jeremy. *El Fin del Trabajo*, Barcelona: Paidós, 2000.

______. *O fim dos empregos* — Tradução de Ruth Gabriela Bahr. São Paulo: Makron Books, 1995.

RUSSELL, Bertrand. *O elogio ao ócio*. Tradução de Pedro Jorgensen Júnior. Rio de Janeiro: Sextante, 2002.

SANTOS, Boaventura de Souza. "Reinventar a democracia: entre o pré-contratualismo e o pós-contratualismo". *in*: HELLER, A., SANTOS, Boaventura de Souza; CHESNAIS, F. *et ali*. *A crise dos paradigmas em Ciências Sociais e os desafios para o século XXI*. Rio de Janeiro: Contraponto-CORECON-RJ, 1999.

SANTOS, Milton. *A natureza do espaço: técnica e tempo, razão e emoção*. São Paulo: HUCITEC, 1996.

SARAH BACAL. *Lazer e o Universo dos Possíveis*. São Paulo: Aleph, 2003.

SCHWARTZ, B. *Moderniser Sans Exclure*, Paris: la Découverte, 1994.

SILVA, Plácido e. *Vocabulário Jurídico*. 23ª ed. Atual. Nagib Slaib Filho e Gláucia Carvalho. Rio de Janeiro: Forense, 2003.

STALLINGS, B e WELLER, J. "El empleo en América Latina, base fundamental de la política social". *Revista de la CEPAL*. Naciones Unidas, Santiago de Chile, dec. 2001.

TEIXEIRA, J. S. Francisco; OLIVEIRA de, Manfredo Araújo. *Neoliberalismo e reestruturação produtiva: as novas denominações do mundo do trabalho*. 2ª ed. São Paulo: Cortez; Fortaleza: Universidade do Ceará, 1998.

TOFFLER, ALVIN. *A terceira onda*. Tradução de João Távora. 19ª ed. Rio de Janeiro: Record, 1993.

TOCQUEVILLE, Aléxis de. *A democracia na América: leis e costumes*. Tradução de Eduardo Brandão, São Paulo:Martins Fontes, 1998.

TROPE, Alberto. *Organização Virtual*. Rio de Janeiro: Qualitymark, ed. 1999.

URIARTE, Oscar Ermida. "Globalización y Relaciones Laboreales", *in Impactos da Globalização — Relações de Trabalho e Sindicalismo na América Latina e Europa*, Coordenação de Diana de Lima e Silva e Edésio Passos, São Paulo: Ed. LTr, 2001. Original em espanhol.

WEINSACHER, Ernst Von. *O Século do Meio Ambiente*. Bonn, 1997.

ZEBRAL FILHO, Silvério Teles Baeta. *Globalização, desemprego e desigualdade: evidências, mitos e desafios do mercado de trabalho brasileiro*. Brasília:Crub, 1997.

ZERO HORA. "Gaúchos pobres são mais de 3 milhões". Porto Alegre, RBS, Caderno de Economia, 22/ago., 1999.

Autores referidos

ARIETTI, Silvano
BELL, Daniel
BORGES, Jorge Luis
BOURDIEN, Pierre
BRAQUE, Georges
BRECHT, Bertold
BRAUDEL, Fernand
CAMUS, Albert
CANTU, Cesare
CRESCENZO, Luciano de
CRIS, Juan
DAHRENDORF, Ralf
ENCÍCLICAS
FRITHJOF, Schuon
GRENSHEM, Elizabeth
HABERMAS, Jurgen
IBGE
KEYNES, John Maynard
KOYRE, Alexandre
NIETZSCHE, Friedrich
SHIVA, Vandana
SOIFER, Raquel
SAINT-SIMON
TAYLOR, John
TOYNBEE, Arnold
TOURAINE, Alain

Produção Gráfica, Editoração Eletrônica e Revisão: **LINOTEC**
Capa: **ELIANA C. COSTA**
Impressão: **CROMOSETE**